KB060372

EPC

EPC Company Growth Strategy

EPC기업의 성장 전략

박영사

시작하는 글

찬란한 일상

입찰 제안서를 잔뜩 들고 아침 9시 런던행 비행기를 타야 한다. 출장 가방은 출근하면서 챙겨 나왔고 사무실에서 밤을 새우고 6시쯤 택시를 타면 되겠다 싶었다. 저녁 10시가 넘게 본부장님, 담당님, 팀장이 함께 모여 마지막 숫자를 점검하고 고민했다. 경쟁사가 얼마를 적어낼지 알 수 없지만 그동안 확인했던 정보와 평가자들의 심정으로 우리의 가격을 수없이 점검했다. 기술 제안서는 양이 많지만, 마지막까지 고민하고 수정하는 일은 드물었다. 마지막은 언제나 가격이었다. 가격은 그런 것이다. 가격을 제외한 모든 것은 그전에 결정해 놓고 가격을 제외한 모든 것의 비용을 계산하고 막 한 장으로 구성된 견적내역서에 프로젝트가 끝나면 기대하는 영업이익 칸을 채우기 위해 검토가 끝난 자료를 수없이 읽고 고민하기를 반복한다. 논리로 설명할 수 있는 부분이 더 이상 없어도 10자리의 숫자가 조금이라도 매력적으로 보이기를 희망하며 막연한 고민에 빠지기도 한다. 입찰을 주관하고 있는 담당자로서 시간 안에 숫자를 고치고 출력하고 이미 만들어진 제안서에 갈아 끼우고, 발주처가 요구하는 형식에 맞추어 추가로 해야 할 일들이 즐비하다.

그만하고 제출 준비를 해야 하는데 아직도 잡히지 않은 일들이 있는 것처럼 손을 놓지 못한다. 자정이 다 되어서야 최종 가격을 결정하고 가격의 조건도 제출 준비를 마쳤다. 임원들은 그래도 아쉬운지 사무실을 나가면서도 생각이 깊다. 마음이 바쁘다. 입찰 준비를 하면서 일 년 동안 매일 마지막 버스를 타고 퇴근하고 주말도 어김없이 반납했다. 일주일의 하루 이틀은 야드에 내려가 입찰 준비를 하고 한 달에 한두 번은 해외 출장에 휴식은 좁은 비행기 안에서 곯아떨어지곤 했다. 두 번째 제출하는 것이지만 몇 번이나 남았는지 알 수가 없다. 새벽까지 제출 준비를 겨우 마치고 택시를 부르고 사무실 로비로 입찰 서류를 옮겼다. 이삿짐 박스로 10개가 넘었다. 택시를 기다리는 중에 친정에서 출산 준비를 하던 마삼이 아내가 산통이 왔다고 전화가 왔다. 전화기 너머로 손을 잡았다. 공항에 도착하고 짐을 부치니 천만 원 정도 요금이 나왔던 것 같다. 땀범벅이라 라운지에서 외관을 정리하고 옷도 갈아입고 보딩까지 한 시간 남짓 한숨을 돌렸다. 추가 짐에 큰돈을 써서인지 개찰구에서 좌석 승급을 해 주겠단다. 우리 둘째가 행운을 가져다준다고 생각하며 잘나가는 비즈니스 맨이 된 것처럼 어색하지 않게 그렇게 허세를 부리고 싶었는데 목적지까지 물 한 모금 못 마시고 10시간 가까이 잠이 들어 버렸다.

히드로 공항은 사람들로 붐볐다. 짐이 많은 데 밖으로 가져갈 엄두가 나지 않았다 제안서 분량도 많고 개인 캐리어까지 많은 사람들 사이에서 옮겨 내기가 거의 불가능했다. 카트도 동이 났다. 한

시간 동안 이십 미터도 못 갔다. 미국은 짐 찾는 곳에서 현지인을 만날 수 있지만, 유럽도 한국도 일단 짐을 찾고 얼마간 스스로 이동해야 밖에서 기다리는 현지인을 만날 수 있다. 망연자실 있으니, 짐꾼이 지나간다. 공항에 포터 서비스가 있는 줄 처음 알았다. 벽에 있는 전화를 드니 10분 후에 포터가 와서 한 번에 밖으로 내다 준다. 그렇게 만난 런던 지사 동료가 제안서 분량을 보고 움찔한다. 작은 차에 제안서를 실기 위해 있던 짐도 다 버리고 욱여넣었다. 최종 제출 장소가 파리와 앙골라 르완다였는데, 파리로 갈 제안서는 런던지사 동료에게 남기고 남은 짐은 직접 들고 다음 날 아침 앙골라로 다시 향했다. 비행기로 짐을 부치면 항상 불안하다. 많은 돈을 추가로 지불했지만, 아프리카 노선은 보안이 허술하고 조마조마했다. 다행히 아무 일 없이 짐도 찾고 현지 지사장님을 만나니 그제야 아내에게 전화할 정신이 들었다. 아내도 딸아이도 건강하단 소식에 한참을 전화기만 들고 있었다. 입찰서를 제출하고 혹시 평가팀으로부터 연락이 올까하고 이틀을 더 기다렸다. 무사히 제출이 완료되었고 며칠 안에 미팅 요청이 있을 것이란 소식을 듣고 다시 사무실로 이틀이 걸려 돌아왔다.

　이후로도 5개월 동안 몇 번의 치열한 미팅과 요청에 따라 부분적으로 제안서를 개정하고 제출하기를 여러 번 반복하고 결국 우리가 최종 계약자로 선정될 것이라는 소문이 돌았다. 유럽 회사이니 늦어도 성탄절 전에는 결정할 것이라 해서 기대를 하고 있었는데 성탄절 전야에도 계속 평가 중이라는 연락을 받았다. 혹시 연락이 올까 기대하며 성탄절 저녁에 다시 사무실에 나왔다. 그렇게 밤을 새우고 새벽에 파리에서 전화가 왔다. 팩스번호를 알려 달란다. 그

간에는 메일로 온라인 시스템으로 교신을 해왔는데 팩스를 알려달
라니 의아하긴 했지만, 성탄절을 꼬박 사무실에서 보낸 발주처 입
찰팀도 흥분된 상태였고 서로 고생을 격려하며 전화를 끊었다. 십
분 정도 팩스 앞을 서성이니 수신음이 시작된다. 최종 입찰자에게
어떤 방식으로 통보하겠다는 절차를 협의한 적이 없어 긴가민가한
마음이 이내 두근거린다. 머리글에 "Letter of Award"라는 선명한
고딕체가 보인다. 십여 장의 팩스를 읽어 보니 최종 계약자로 결정
되었고 팩스로 받은 문서에 서명 날인 후 다시 보내면 계약 개시가
된다는 내용이었다. 아직 이른 시간이었지만 본부장님 사무실 앞에
서 출근하시길 기다렸다. 팩스를 같이 들고 사장님께 사인을 받고 2
조 원 규모의 EPC프로젝트 수주 소식을 공시하고 회사도 바쁘게
실행을 준비했다.

　몇 가지 단면이지만 사이 사이를 메우는 우리의 고통스러운 일
상이 있었다. 세계 최대 에너지 회사들을 고객으로, 세계 최대 설계
사들을 하청사로 초대하여 수조 원 규모의 프로젝트를 감당하는 가
슴 벅찬 일들을 해냈다. 하지만, 지난 10여 년간 실적은 저조했고
굴지의 기업들이 구조조정에 구제 금융을 감내해야 했다. 우리의 건
조 설비는 세련 및 정교하고 지구를 들어올릴 기세로 유일무이하다.
그리고 우리의 건조 능력은 설비 성과를 극대화하고 조직적이다. 충
분히 재능 있고 뛰어난 엔지니어와 갖춰진 시스템은 기술적인 측면
에서 비교할 만한 대상이 없을 만큼 부족함이 없는 환경이었지만,
EPC프로젝트를 통해 이익과 가치를 창출하는 것에 실패했다.

　무엇이 문제일까? 혹자들은 한두 가지 원인으로 전문가 행세를
하지만 공허하다. 산업현장에서 우리의 경험에는 인과 관계가 있고

어디서부터 어떻게 해야 할지 누군가는 신념이 있겠지만 확신은 아니다. EPC는 서비스이고 계약을 통해 책임과 가격 조건을 결정한다. 목적물은 시대에 따라 변하지만 본질은 유사하고 제조형 공장산업과는 달리 입찰부터 프로젝트 끝날 때까지 수년간을 다른 문화와 언어 속에 수천 명의 참여자가 노출되어 저마다의 실수와 성과를 일군다. 과연 이것이 우리의 미래 산업으로 마땅하고 존속할까? 정답은 고사하고 대답도 어렵다. 산업의 한 면을 사례로 삼았지만, 마트 영수증 뒷면 작은 글씨의 계약조항부터 천문학적인 액수의 계약서까지 당사자 간 책임과 한계가 같은 개념으로 적용되고 있는 것을 보면, 주장의 효용성과 무관하게 모든 산업에서 끊임없이 고민해야 할 담론이다.

취지

알고 있는 정보와 지식이 너무 많아 때로는 입에서 뒤죽박죽되기도 하고 의사결정과 표현에서 자기 모순을 발견하기도 한다. 예방적 차원에서 정보와 지식 간 기준과 분류를 통해 전문 분야에서 나름의 사고체계를 확립해 나가고 있는 과정이다. 출판을 위해 썼다 지웠다 반복하며 작성된 활자를 곱씹는 동안 겸손은 언감생심 선물보다 과했던 포장에 수치가 밀려온다. 지식과 정보는 머리와 가슴에 나누어져 보관되고 기억과 감정이 이입되어 맥락을 잃고 헤매기를 수없이 반복했다. 방향은 엉성했지만 목표는 간단했다. 왜 비교우위의 인프라를 보유하고 있음에도 적자에 허덕이는가? 아무도 하지 못하는 일을 감당하면서 칼날만 쥐고 협상하고 있는가? 세상의 어떤 것도 담을 수 있는 플랫폼 기업이 될 수는 없는 것인가? 포기하기에는 너무 매력적이고 자신하기에는 노력이 없었다. 특수하고 전문적인 영역을 표현함에 있어 감성으로 메워 가볍지 않으면서도 수필과 산문시의 중간쯤이 되었으면 하는 바람이었다. 참고문헌과 자료를 뒤적이지 않고 처음 떠올린 키워드를 통해 결론을 먼저 정하고 살을 메우는 방식으로 진행하였고, 도표나 그림도 사용하지 않는 것이 전부였다. 누가 시킨 것도 아니니 말할 필요도 없고 시간이 지나서 깜짝 내놓고 싶었지만 고립감은 부작용이었다. 사회적 자극 없이 치열함이 반감되어 아내에게 털어놓고 이후로도 세달이나 더 걸렸다.

　내용은 크게 세 분야로 구성하여 메시지를 담고 있다. 시간이 주는 배움 곡선만으로 성장에 필요한 진정한 자양분이 확보될 수 없음을 이미 체험하였으니 결단에 기초한 바른 변화가 절실함을 강조하였다. 또한, 입찰과 경쟁의 상황에서 EPC기업의 입지를 포기하지 않도록 다양한 시도를 제안하고 있으며, 제안서와 협상에 대한 기술적 성찰을 그 시작으로 삼았다. 계약 이후 프로젝트 단계별 전략을 구상할 때, 장점을 지키는 보수적 입장이 견지되어야 반복적 악순환을 끊어 낼 수 있음을 경험에 근거하여 전달하고자 하였다. 성장과 성공은 불가분의 관계이며 EPC기업의 성장은 현재 유아기에서 청소년기로의 성장과정을 이미 지나쳤다. 평균의 영양분을 섭취하고 시간의 역사로 성장하는 시기를 넘어 지적 수준을 높이고 사회적 대응의 기술을 습득하며, 최선과 최고를 넘나드는 의사 결정을 통해 존경받고 건강하며 경제적으로 부러움의 대상이 되는 성공적인 장년의 삶으로 도약할 수 있는 성장이어야 한다.

성에 차는 일이 얼마나 있겠는가? 자평은 미루고 더 나아질 다음을 고대하며 자극과 계기가 되었으면 하는 바람이다.

차 례

시작하는 글

제3장   관리의 원칙

CHAPTER 01

가치와 변화

가치와 변화

EPC기업으로서 자기 성찰은 매우 중요하다. 좋은 동기는 좋은 결과를 위한 동력이며, 기업활동을 통한 수익달성 이외에도 그 자체로서 성과일 수 있다. 시설 투자와 기술력 확보는 EPC기업으로 세계시장에 문을 두드릴 수 있는 최소한의 자산이며 기초체력이다. 문 안쪽에서는 세계 경제의 주류 세력들이 자기들만의 세상을 구축하고 인력 시장에서 일일 노동자를 고르듯 눈을 게슴츠레 뜨고 손가락을 까딱거린다. 문밖에서는 이런 처사에 울화통이 터진다. 문까지 오느라 갖은 땀과 희생을 감내했는데 시대의 흐름을 만끽하며 으스대는 꼴에 문을 등져야 할지 갈등이다. 문을 열고 들어가면 다른 세상이다. 언제나 그렇듯 경계선을 기준으로 바깥쪽은 착취의

대상이고, 안쪽은 이너 서클 멤버로서 서로 이익을 나누는 것이 당
연시되었다. 문은 길이방향이 가운데가 나뉘어진 여닫이 문이다. 여
닫이의 절반은 열쇠로 열리지만 나머지 절반은 안에서 열어 주게
되어 있다. 모두 열리지 않으면 들어가는 몸을 구기고 어깨에서 피
가 날 정도로 밀어 넣어야 할 것 같아, 우선 열쇠를 찾아 고개를 들
이 밀고, 고래 고래 소리를 지르거나 아니면 자비를 구하거나 협상
을 하거나 해서 나머지 문을 열도록 해야 한다. 문은 쉽사리 열리지
않는다. 시설투자와 생산의 효율성으로 겨우 반쪽의 문을 열었고,
온전히 어깨를 펴고 파트너로서 인정받기 위해서는 또 다른 시험대
가 놓여져 있다. 관리와 시스템이다. 어렵지만 노력을 한다면 주류
사회 입장이 가능하다. 우리의 권리를 주장할 입지를 다질 수 있다.
우리의 자원이 가격이 아닌 가치로 인정받아 다져왔던 시설과 생산
의 효율성마저 그 가치가 동반 상승한다. 시간도 걸리고 아무도 장
담할 수 없고 우리가 그동안 집중했던 요소기술 개발과는 다른 개
념이지만, 결과물이 주는 공익적 가치와 차원 높은 서비스가 만들
어내는 부가가치의 매력은 집단적 노력의 동기부여로서 충분하다.
성장과 성공의 진로 위에 한발 다가서는 Nudge를 기대해 본다.

EPC기업의 가치

EPC는 Engineering, Procurement, Construction을 의미한다.
설계부터 건조까지 일련의 과정을 통해서만 구현할 수 있는 프로젝
트를 대변하며, 산업에서는 일반 명사처럼 사용되는 용어이다. 주로

사회 기간 산업, 건설산업, 화학, Oil & Gas 포함 Energy 개발 분야 등에서 EPC 전 과정을 포함한 프로젝트 계약을 통해 필요한 설비를 구축하는 경향이 2000년대 들어 뚜렷이 나타났다. 이런 경향은 역량이 입증된 기업들에게 설계부터 건조까지 (때로는 운송과 설치까지) 전 과정을 포함한 프로젝트를 발주함으로써, ① 관리 Point를 최소화하고 동시에, ② Lumpsum의 계약 방식과 입찰을 통한 기업 간 경쟁 효과로 유리한 가격 수준을 확보할 수 있다는 이점으로, 2000년대 접어 들면서 프로젝트를 발주하는 기업들에게 매력적인 계약 구조로 각광을 받아온 것이 사실이다. 비슷한 시기 주요 발주처인 Oil 메이저의 경우, 설계와 조달분야의 기능을 관리 위주로 전환하고 EPC기업 및 주요 장비 업체를 대상으로 유전 개발 현장의 기술적 문제를 공유하고 함께 해답을 찾는 것으로 조직의 목표를 수립해, EPC를 모두 포함한 프로젝트 계약이 일반화될 것이라는 간접적인 예고가 감지되기도 하였다. 반대로 발주처가 매력을 느낄만한 계약 조건과 구조라면, EPC기업 입장에서 추가적인 부담이 요구되는 상황은 어쩌면 자명한 것이었다.

그럼에도, 비용 감당도 안 되는 계약 금액과 프로젝트의 위험 요소도 확신하지 못하는 이해 수준으로 EPC프로젝트 계약에 서명을 했던 기억들이 있고 여전히 개선되지 않고 있다. 프로젝트별로 차이가 있을 수 있겠지만, 무모한 정도의 차이가 있을 뿐 크게 다르지 않다. 운 좋게 환율 급등 등 프로젝트의 외적인 요소로 인하여 이익 실현에 성공하기도 하고, EPC기업이 가용할 수 있는 최고의 관리 자원을 집중하고 프로젝트에 수행 기간 내내 높은 수준의 긴장과 관심이 유지되는 경우 이익 실현에 성공한 사례가 있었지만,

그 또한 집단 지성 및 성실과 끈기만이 무기였지 또 다른 공사에서 동일한 성과를 장담하기가 불가능한 지경이다. 세계 시장과 산업에서 EPC기업으로 초청받는 것은 이미 소속 국가에서는 중추적 기업으로 여러 번 성과를 입증한 이후이고, 막대한 비용으로 최고 수준의 안전과 품질 기준 내에서 발주처 요구에 부응하고 더불어 시대적 요구에 부합하는 기념비적인 프로젝트의 실행 능력을 인정받았다는 반증이다. 비슷한 서비스를 제공하는 회사들이 있지만, 국제 입찰에 초청되어 경쟁의 기회를 가진다는 것은 그렇지 못한 회사와는 기술적·관리적 측면에서 확연한 차이가 있음을 보증한다. EPC 기업은 그들이 가지고 있는 특별한 설비와 기술 그리고, 관리력을 동원하여 ① 1차적으로 발주처의 프로젝트를 완성하고, ② 2차적으로 설치 지역에 새로운 기반시설을 공급함으로써 그 사회와 시대의 요구에 부응하는 등 역할이 중요하다 말할 수 있다. EPC기업은 앞서 언급한 대로 발주처가 목표로 하는 프로젝트를 기술적으로 구현해 냄으로써 사회적·시대적 가치를 창출해 낼 수 있도록 단초를 제공하는 ① <u>Value Transformer(무형에서 유형으로 가치 상태를 전환시키는 주체)</u>이다. EPC기업의 기술적 구현 없이 발주처가 계획한 지역 개발과 자원 개발 등은 실현이 불가능하며, 기대하는 가치 창출 또한 묘연해진다. EPC기업은 프로젝트의 성공적 운영을 담보로 투자하는 금융 투자자들의 이익을 가능케 해주는 ② <u>Guarantor(보증인)</u>이다. EPC프로젝트는 EPC기업의 손을 거쳐 현실화되고 운전과 운영을 통해 사회적 가치에 기여할 뿐 아니라, 금융 투자자들의 목적인 기대 이익 실현이 가능하도록 환경을 조성해 주는 기술적 보증인이라 할 수 있다. EPC기업은 무모해 보이는 도전을 시도해 보겠다고 나서는 ③ **Challenger(도전가)**이다. EPC기업이 시도하는 프로젝트는 자연과 기술적 한계를 극복해야 가능하며 또 다른 도전의 시험대가 되기도 한다. EPC기업은 보험회사도 가늠할 수 없는 프로젝트 위험요소를 감당해 내는 ④ **Risk Taker**이다. EPC프로젝트는 공장에서 동일한 제품을 대량으로 생산하는 제조업과는 근본적인 차이를 가지고 있다. 제조업은 초반 실패의 가능성을 극복하면 설비투자 및 제조 시간 연장을 통해 생산량을 증가시키고, 품질 관리를 통해 불량률을 개선할 수 있는 특징이 있으나, EPC프로젝트는 모든 공정에서 예측할 수 없는 변수와 위험 요소 관리가 필수적이고 공정 간 완벽한 조화가 실현되어야 비로소 품질을 평가할 수 있는 결과물을 만들 수 있다. 부분적으로 불량률을 적용할 수 있으나, 프로젝트의 결과물로 하나의 목표인 대규모 설비가 건조되는 과정으로 부분적인 품질의 담보는 의미가 없으며, All or Nothing의 잣대로 평가되는 차이가 있다. 한순간의 실수와 자연재해 등으로 막대한 자본이 매몰될 수 있는 확률이 어느 산업보다 높게 형성되어 있다. 투자와 회수의 크기를 정량적으로 비교하여 투자 매력도를 평가하는 경우, EPC프로젝트는 투자자 입장에서 High Risk High Return의 사례일 수 있지만, 현재의 계약 구조로 EPC기업에게 적용하기는 어려운 부분이 있다. 입찰에 도전하여 경쟁 우위를 점하고, 결국 프로젝트 수주에 성공하는 경우에도 Highest risk for No Return의 구조를 감내해야 하는 경우도 흔히 목격되었다. EPC기업이 알면서도 왜 도전하는 지 논란의 여지가 있지만 아직 기조가 크게 변하지 않고 있다. 최악의 시나리오에 대한 최소한의 방어를 위해 부보를 통해 보험과 같은 금융 기법에 기대어 위험 회피를 계획

하지만, 위험요소를 계량화하는 분야에서 세계 최고인 굴지의 보험
사들도 모호한 약관을 사용하는 등 스스로 프로젝트 위험요소를 정
확히 측정할 수 없음을 자인하기도 한다. EPC기업들은 보험사도 담
보하지 못하는 계약서에 합의하면서 가격에 여윳돈도 반영하지 못
하고 프로젝트 수행에 뛰어들기도 하는 어찌 보면 돈키호테적인
Risk Taker이며, 건강한 EPC시장의 유지와 발전을 위해 반드시 개
선이 필요한 부분이기도 하다.

　　EPC기업은 해당 국가 혹은 설치 국가에서 고용 창출의 일익을
담당하는 ⑤ __Job Creator__이다. EPC기업은 프로젝트가 진행되는 세
계 곳곳에서 기능을 가진 막대한 인적 자원의 지원을 바탕으로 프
로젝트를 수행한다. 프로젝트 규모에 따라 차이가 있을 수 있지만,
5년의 공사 기간 동안 천만 Man－Hours 이상을 사용했던 프로젝
트도 경험했으며, 이는 (2000시간/1인/1년 기준) 연간 천 명의 인
원이 동원되는 규모이다. 기록적인 인적 자원 투입에도, 프로젝트
현장에서는 수준 높은 안전 기준과 관리 기법으로 탁월한 안전 지
표를 기록하는 등 질 좋은 일자리 창출이 가능한 유일한 분야이기
도 하다. EPC기업은 전 세계 수많은 Supply Chain(장비공급망)의
구매자로서, 그들의 제품을 현실 세계에 구현하여 기술 진보의 단
초를 제공하고, 시운전 등의 과정을 통해 장비 간 화학적 결합이 이
루어 질 수 있도록 해결책을 제시하는 ⑥ __System Integrator__이다.
EPC기업은 구매자임에도 약속된 기한 내 프로젝트 완료라는 더 큰
목표를 위해 Supply Chain(장비제조사)와의 가격 협상보다 품질과
납기에 목표를 두고 협상을 진행하는 경우가 허다하다. Supply
Chain들은 EPC기업의 우선순위를 악용하여 자신들의 이익 실현에

만 몰두하는 경향이 있다. 때로는 시제품의 성능 검사도 EPC기업의 비용으로 실시하기도 하고, 제품의 하자가 발생한 경우에도 EPC기업의 우선 순위를 악용하여 비용과 기간의 책임을 전가하기도 한다. Supply Chain과의 균형 있는 계약 조건 없이 건강한 EPC시장 또한 다가갈 수 없는 목표이며, 이러한 상황에서도 다종의 Supply Chain이 생산한 각각의 제품을 하나의 유기적인 시스템으로 운전되도록 설치하고 통합하는 System Integrator이다. EPC기업은 다양한 문화와 다양한 시간대를 넘나들며 프로젝트를 수행하고 건조 현장에서 땀 흘리는 Field Engineer부터 프로젝트 Director까지 세계 무대가 두렵지 않는 ⑦ International Business Man들의 집합체이며 그래야만 한다. 이른 아침시간에는 미주의 이해관계자와 교신을 주고받고, 저녁 시간에는 유럽의 사람들과 협의를 진행하며, 설계 및 생산 현장에서 다국적 다인종의 전문가들이 머리를 맞대고 역할을 수행하는 국제적인 교류와 협업의 집합체라 할 수 있다. EPC기업은 천문학적인 계약 금액을 USD 혹은 주요 외화로 결재받고, Supply Chain 및 하청 업체와 계약 시 또 다른 이종 통화로 대형 거래를 진행하는 등 외환 거래의 큰 축을 형성하고 있는 ⑧ Currency Trader이다. EPC기업은 프로젝트 수행의 주체로서, 다양한 이해 관계자들의 조율과 협업을 기반으로 프로젝트를 완수해 나가는 역할을 수행하고 이를 오케스트라 지휘자에 빗대어 설명하기도 한다. 이외에도 EPC기업은 다양한 산업 분야에서 성장과 발전을 도전의 파트너로서 보호받아야 할 이유는 부지기수이다. 한시적인 재정적 어려움에 직면하는 경우 공적자금 투입을 통한 생명 연장 등을 의미하는 임시적이고 제한적인 보호가 아닌 발주처와 함께 상생하고 성장해야 할 사회적 자산으로서 인정받고, 유지되기 위한 구조적 터전이 형성되어야 한다는 의미이다.

이러한 환경을 조성하기 위해서는 프로젝트 위험요소에 대한 책임과 의무가 균형 있게 설계되어, **계약 당사자 간 서로의 이익을 위해 경쟁하는 사이가 아닌 공동의 가치를 추구하는 진정한 파트너십의 관계가 필요**하다. 파트너십의 이면에는 EPC기업의 도덕적 해이 문제를 어떻게 해결할 것인가 고민이 필요하지만, 최소한 현재 EPC시장에서 벌어지고 있는 (프로젝트 위험요소에 대한 책임 소재 측면에서) 계약 당사자 간 불균형의 문제는 개선되어야 하고, 개선을 위해 EPC기업의 적극적인 문제 제기와 경우에 따라서는 관련 협회와 정부의 지원도 필요한 사항이다.

발주처와 EPC기업 간의 불균형 해소와 마찬가지로 Supply Chain 영역에서도 동일한 고민이 있어야 한다. EPC기업은 입찰 과정을 통해 불확실성이 높은 프로젝트를 대상으로 가격을 고정하는 Fixed Lumpsum 계약을 추진하는 경우에도 자세한 원가 구조도 함께 제출하여 기업이 통상 내밀하게 관리하는 원가 정보를 발주처에게 공개해야 한다. 하지만 Supply Chain은 경험을 중시하는 EPC 시장의 보수성을 무기로 원가 공개는 고사하고, 가격의 적정성을 파악할 비교 자료조차 없는 실정이다. 발주처나 Supply Chain 등 프로젝트 이해관계자는 파트너십, 성공을 위한 원팀(One Team) 전략 등을 전면에 내세우지만, 허울좋은 수사(Rhetoric)일 뿐, EPC기업이 모든 책임과 위험요소를 떠안는 구조이며, 이는 건강한 EPC생태계를 위협하는 요소이다. 필자의 최종 목표는 EPC시장의 근본적인 변화이다. EPC시장을 통제하거나 조정할 수 있는 절대 기관이 없는 상황에서 시장의 변화를 이끌어 내는 것이 쉬운 일은 아니다. 하지만, EPC기업들이 영업 전 혹은 영업 단계부터 수의 계약으로 프로젝트를 수주할 수 있는 방안을 모색하고, 입찰을 통한 영업활동 기간에는 자발적 제안서(Unsolicited Proposal) 제출 등을 통해, Fixed Lumpsum과 같은 계약 구조에 대한 개선을 요구하고, 상대적으로 EPC기업의 협상력이 최고조에 달하는 프로젝트 수행 기간 중, 영업(입찰)과정에서 합의된 불균형 요소에 대해 지속적으로 문제 제기하며 개선의 동기(Leverage)를 찾아 계약 조건을 바꾸지는 못하더라도 합리적인 적용이 이루어 질 수 있도록 노력이 필요하다. EPC기업의 자구적인 노력의 방향도 프로젝트가 보유하고 있는 다양성만큼 다변화되어야 한다. 설비와 요소 기술 확보에 대해서는 매우 구체적이고 계획적인 투자와 의사 결정이 수반되는 것에 반해 보유 자원이 제 역할을 발휘하기 위해 필요한 관리력에 대해서는 준비가 부실한 것이 사실이다. 계획된 업무의 관리는 시스템으로 보완이 가능하나 돌발 업무에 대한 관리는 관리자의 역량에 따라 그 결과가 달라지며, EPC기업은 유능한 관리자의 확보와 양성에 끊임없는 노력을 기울여야 한다. 이에 대해 모든 기업이 노력을 한다고 하지만 전통적인 인사관리와 맞물려 성과를 내지 못하고 있다. 변화에 대한 필요성은 실감하면서도 정확한 진단과 방법을 제시하기는 매우 어려운 사안임은 분명하다. 하지만 설비와 요소 기술만으로는 EPC프로젝트를 수행할 수 없다는 절실함을 인식하고 자격 있는 관리자 확보를 위해 방법을 찾고 더 나아가 EPC시장의 건전성 확보라는 대의를 위해 기업 간 활발한 노력이 요구된다.

가치를 지키는 변화

EPC기업의 가치를 지키기 위해서는 사회적인 중구난방(여러 사람의 입은 막기가 힘들다)의 노력이 필요하며 보다 집단적이고 장기적인 협의의 과제로서 다뤄져야 한다. 우선 기업들이 현재의 환경에서 EPC프로젝트에 대한 시각을 새로이 하고 조직을 정비하고 인재확보의 시각을 달리하는 것이 필요하다. 또한 단기적으로는 EPC기업이 보유하고 있는 장점까지 희석되는 의사 결정이 계속되지 않도록 조치가 필요하다. 새로운 조직과 시스템을 도입하고 시도하는 것은 기업의 일상이다. 하지만, 그간 EPC기업들의 조직 구성을 살펴보면, 어떠한 개선이 가능한지 시장에서 어떠한 입지를 목표로 해당 조직의 모습을 결정하였는지 메시지를 읽기가 불가능했다. **조직의 구성은 EPC기업의 목표를 담고 있어야 하고, 그 목표가 시장에서 의미 있게 해석되어야 한다.** 합리적 조직의 구성과 시스템 도입 만으로 가시적인 개선을 이루어 낼 수 있는 여지가 충분하다. 장기적으로 조직의 역량이 최대의 성과를 만들어 내기 위해 적절한 관리기법과 그의 주체가 되는 인적자원의 확보 등 추가 노력이 수반되어야 하는 것은 자명하다. EPC기업이 시장에서 가치를 인정받고 발주처와 대등한 관계에서 프로젝트를 수행하는 파트너가 되기 위해서는 요소기술과 생산설비보다 더욱 중요한 관리의 전문성을 확보하는 것이다. 첨단 기술도 독점적인 장비도 귀한 자재도 창의적이고 합리적인 관리력의 토대위에 프로젝트의 필요를 채워주는 훌륭한 자원으로 활용할 수 있다. 관리의 전문성을 확보하면 시장은 무한히 넓어진다. 전통에서 재생으로 에너지 패러다임이 바뀌어도 지속

가능한 기업의 경쟁력을 확보하기 위한 고민과 노력이 필요한 이유
이다.

조직부터

EPC프로젝트 수행 조직은 전 구성원이 계약 상대방과 지속적
인 대화와 협상이 가능한 수준의 언어 능력과 프로젝트에 대한 수
준 높은 이해를 바탕으로 ① 정보 전달의 단절이 없어야 하고, ②
내부 업무 분장별 이해관계를 넘어 프로젝트 목표에 맞는 의사 결
정이 가능해야 하며, ③ 기능 조직의 작은 의사 결정도 프로젝트 전
체에 미치는 영향성에 대한 평가 이후에 이루어 질 수 있는 문화와
시스템이 조성되어야 한다. 처한 형편과 기업 문화에 따라, 조직의
의사 결정 구조가 다수의 정보 전달자와 한 명의 의사 결정자로 이
루어 질 수도 있고, 다수의 정보전달자와 집단적 의사 결정 체제로
이루어질 수도 있으나, 작은 결정도 빠른 시간 안에 놓치지 않고 검
토할 수 있고 집단 지성의 힘을 발휘할 수 있는 조직이어야 한다.
또한 충분하고 지적인 인적 자원이 투입되어 사안별로 심도 있게
검토하고 잘못된 정보 전달로 방향성의 왜곡(Misleading)이 발생하
지 않도록 주의해야 한다. 조직의 힘은 리더의 역량과 직결된다. 프
로젝트와 관련된 모든 결정은 회사 운영상의 이해 관계 및 프로젝
트 목표 외 다른 고려 사항이 있을 수 없다. 조직이 프로젝트를 실
행하면서, 그 성과를 확인할 수 있는 지점은 약속된 공정이 숫자로
집계되고, 약속된 일정대로 대금 지급이 이루어지는 시점이다. 따라
서, 프로젝트의 중간 성과는 조직 구성원이 함께 공유하고, 각각의

성과가 지표로서 지속적이고 종합적인 공유가 될 수 있도록 회의체 혹은 내부 공유 시스템을 활용하는 것도 필요하다. 나의 성과와 프로젝트의 성과가 동일시되는 문화를 조성해야 한다. 프로젝트를 수행하는 각각의 조직은 본연의 업무로써 타 조직과의 인터페이스를 함께 고려해야 한다. EPC의 특성상, 설계와 조달, 생산과 시운전 등 모든 조직은 업무적으로 연결되어 있고 사안별로 각자 다른 시각에서 의견을 교환하고 해답을 찾으려는 과정이 필요하다. 안전과 품질은 독립성을 유지하여 운영하되 이외 모든 조직은 운명 공동체로서 물리적으로도 한 공간에서 프로젝트 수행의 주요 사항과 일정을 공유할 수 있는 환경이 조성되어야 한다. 구성원 모두는 프로젝트 수행 결과와 연동하여 평가받고, 이후 개인별 편차를 고민해야 한다. 개별 공정과 부서의 이익이 프로젝트 수준의 의사 결정과 가치 판단에 간섭되지 않도록 주의와 관리가 필요하다. 이러한 조직 구성을 위해서는 대한민국 기업들은 어쩌면 그동안의 방식과 다른 조직 운영 방식을 채택해야 할지도 모르겠다.

미국 소재 대형 오일 메이저 중 하나는 프로젝트 리소스 컴퍼니(Resource Company)를 따로 두어 운영한다. 외형적으로 대한민국 기업의 인사부 혹은 인사 담당과 비슷한 역할이나, 우리 기업이 승진·복지·인사 평가 등에 초점을 맞추고 있는 것에 반해, 프로젝트 수행을 위한 인적자원의 운영과 관리에 역점을 두고 있다는 차이가 있다. 프로젝트가 시작되면 회사 차원에서 책임자(프로젝트 Director, 프로젝트 Manager 등)을 선임하고 회사가 보유하고 있는 인적 데이터 베이스를 활용하여 필요한 Staff을 확보할 수 있는 권한이 주어진다. 인재 확보에 있어 구속과 제한을 두지 않고 다양한 계약의 형태로 새로이 고용하여 충원하는 방식도 자유롭다. 회사가 지정해 주는 인원을 활용하는 것이 아니고, 개인의 실적과 계량적 혹은 비계량적 다면평가를 기반으로 인선과 인재확보가 진행되며 프로젝트 결과에 대한 책임이 수반된다. 해당 프로젝트에 선발이 되면 일정 기간 동안 직업의 안전성을 확보할 수 있지만, 프로젝트에 참여하지 못하는 기간이 길어지면, 조직 내에서 다른 길을 모색하거나 정리 해고의 대상이 되기도 한다. 대한민국 기업 내 정서와 일반적인 가치 측면에서 마음 내키지 않는 부분도 있지만, EPC프로젝트 수행이라는 대명제 하에서는 이와 같은 시스템으로 인력을 운영하고 조직을 구성하는 것을 참고할 필요가 있다. 기능 조직 중 장비 조달 업무의 경우, 장비 제조사와의 유착 관계를 방지하기 위해 일정기간 이후에는 순환보직을 의무화하기도 하는데, 리소스 컴퍼니를 통해 프로젝트 별로 필요한 인원을 충원하는 경우 기존 기업들이 우려했던 "고인물 현상" 또한 해결이 가능하다. 장기간 프로젝트가 없는 경우 직원들의 대한 관리는 회사의 또 다른 문제이지만 기존 방식의 조직 문화와 형태에서도 프로젝트가 없는 환경에서 직원의 고용 안정을 보장하는 방법은 어디에도 없다. 이러한 방식의 조직 운영을 통해 프로젝트 조직이 추구할 수 있는 장점은 아래와 같다.

1) Goal Oriented

구성된 조직의 목표가 매우 뚜렷하고 구체적이다. 시작부터 프로젝트 수행을 목적으로 선발되었고 경쟁과 긴장의 과정을 통해 프로젝트 목표에 대한 스스로의 인식 수준은 높아지고 집중력을 유지하는데 도움이 되며 결국 성공 확률을 높이는 요소로 작용한다. 개개인의 뚜렷한 목표 의식은 건강한 동기를 유발하고 역량의 성장과 성과 개선에 도움을 준다. 교육과 지도를 통해 목표 의식을 강조하고 독려할 수 있지만, 조직의 운영 방식을 통해 자연스럽게 환경을 조성할 수 있다.

2) 공식화(Formalization)

선발이라는 과정은 기존 조직에서 책임을 부여 받는 것과는 다른 차원의 공식적인 절차이며 책임의 무게 또한 다르다. 대한민국 EPC기업의 방식은 기존 조직과 프로젝트 조직 동시에 소속을 유지하여 보고와 의사 결정 과정에서 비효율이 발생할 수 있는 구조이다. 동일한 사안에 대해 소속 간 이해관계의 충돌이 발생하기도 하고, 계약서가 요구하는 포지션별 의사결정의 권한과 책임을 대수롭지 않게 여기고 있는 현실이다. 리소스 컴퍼니를 통해 프로젝트에 소속되는 순간 모든 책임과 의사 결정 구조가 프로젝트 범위 내에서 이루어져 모든 과정에서 효율을 기대할 수 있다. 프로젝트를 수행하다 보면 누가 무슨 책임과 권한이 있는지 확인하기 위해 몇 번의 과정을 거쳐야 되는 경우가 있다. 공식화는 개인 간·조직 간 업무 분장에 대한 객관화를 가능하게 하고, 인터페이스 영역의 중요성을 부각하는 방안이 될 수 있다.

3) 고정비 감소

기업 구성을 적정한 관리 조직과 프로젝트 조직으로 구분함으로써 운영의 효율을 기대할 수 있으며 고정비 감소로 이어져 프로젝트 입찰 시, 원가경쟁력의 요소로 고려될 수 있다. 기업 경영은 또 하나의 프로젝트이다. 조직을 SLIM하게 유지하면서 가용할 수 있는 자원의 범위를 관리와 계약의 방식으로 확대하여 프로젝트 수행에 차질이 없도록 준비하는 역량이 필요하며, 변화된 조직의 운영을 통해 필요한 환경을 조성할 수 있다.

4) 전문성(Professionalism)

선발이 되고, 성과의 판단이 뚜렷해 지는 구조로 조직이 운영되는 경우 조직원의 전문성은 스스로 높아지는 효과가 발생한다. 또한 대한민국 EPC기업은 여느 기업들과 마찬가지로 고과 기준 A등급 10%, B등급 80%, C등급 10% 수준의 인적 자원을 유지하고 있다. 하지만 EPC기업이 동시에 여러 EPC프로젝트를 수행하려는 의도와 계획이 있다면 이러한 인적구조로는 불가능하다. EPC프로젝트의 개별 목적과 구성은 다르지만 프로젝트 수행에 투입될 인적 자원의 기준은 동일하다. 모든 조직원이 세계를 무대로 주어진 책임과 권한을 행사할 수 있는 역량이 요구된다. 국가적으로도 교육과 인재 양성은 그 맥을 같이하고 백년의 계획으로 준비해야 하는 과제인 것처럼 우수한 역량과 성과를 기대할 수 있는 인재 확보와 유지는 기업 사활의 중심이고, 책임 있는 계획과 실천이 필요한 분야이며, 개선된 조직 운영을 통해 최소한 조직 구성원에게 성장에 대한 동기유발의 기회가 확대될 수 있다.

5) 높은 품질의 입찰 준비

입찰은 프로젝트의 시작이다. 입찰의 과정은 높은 수준의 보안을 요구하므로 EPC기업도 소수 전문 인원으로 준비와 협상의 과정

에 참여하며 때로는 제안서 품질을 높이기 위해 프로젝트 수행 책
임자들을 미리 인선하여 참여시키기도 한다. 제안서 중 가격과 계
약 조건은 정보의 보안성과 집단 의견의 필요성이라는 경계를 관리
하며 신중히 다루어야 할 필요가 있지만, 실행계획 만큼은 상세하
고 구체적인 방안 수립이 좋은 평가를 기대할 수 있고 현업의 경험
과 융통성이 필요한 분야로서, 개선된 조직 환경 하에서 가시적인
개선효과를 단기간에 확인할 수 있는 분야라 할 수 있다. 또한 프로
젝트 수행을 위한 조직의 구성도 조직 간 간섭과 이해관계의 충돌
을 줄이고 협업의 상승효과가 배가될 수 있는 구조로의 전환이 필
요하다. 대한민국 EPC기업은 기존의 부서 혹은 팀을 기준으로 프로
젝트 수행 조직을 구성하고 발주처도 조직의 구성 자체에는 이견이
없었고, 누가 무슨 일을 하든지 프로젝트 내부 업무 분장만 이해할
수 있다면 EPC기업의 제안을 받아드리는 입장이었다. 현재는 5M이
라 하여 프로젝트 주요 단계를 책임지는 5명의 관리자(Manager)를
중심으로 조직이 구성되며 다양한 하부그룹이 포진하는 형식이다.
프로젝트 전 기간 동안 발주처의 협상 파트너로서 프로젝트
Manager를 중심으로 단계별로 설계, 조달, 건조, 시운전의 관리자
를 포함한다. 따라서 자연스럽게 4개의 기능 조직과 1개의 관리조
직을 중심으로 프로젝트를 수행한다. 4개 조직은 업무 분장에 따라
주어진 영역에서 완성도와 품질을 높여 후속 공정에 차질이 없도록
준비하는 것이 최대 목표이다.

　한편 대한민국 EPC기업의 관리는 조직 간 이해관계를 조율하
는 것보다 조직 내 성과를 중시하는 구조이다. 따라서, 조직 내
(intra−organizational Field) 목표가 조직 간(Inter−Organizational

Field) 목표 혹은 프로젝트 목표와 차이가 존재할 때, 자연스럽게 우선순위가 조직 내 목표를 기준으로 정해지는 것이 사실이다. 업무 분장에서도 비슷한 현상이 반복되며, 결국 이러한 결정들은 프로젝트의 효율을 반감시키는 결과로 나타난다. 조직 간 관리의 중요성은 알고 있지만, 실질적인 동기가 부족한 것이 현실이며, 기능 조직을 4개 분야에서 각각 2개 분야로 통합하여 관리함으로써 기존 조직의 문제점을 개선할 수 있는 여지를 제공한다. 설계와 조달을 통합하여 프로젝트 플래닝(Planning) 그룹으로 건조와 시운전을 통합하여 프로젝트 건조(Construction) 그룹으로 이분화함으로서 기존 조직 간(Inter-organizational field) 관리 방식의 비효율을 개선할 수 있다. 자세한 사항은 프로젝트 실행 전략 편에서 추가하겠지만, 조직의 외형적 변화가 내실을 다지는 해답은 아닐지라도 동기와 계기를 유발할 수 있음에 유의하여야 한다.

중심은 사람

조직은 유관한 모든 사람들에게 동일한 이해를 제공하고 목표 달성의 전략적 방향성을 제시하는 도구이다. 조직편에서 사용한 사례를 통하여 의사결정의 중복을 방지하고, 조직원의 책임과 권한을 객관화 하여 투명한 의사 결정 과정을 제공하고 계약적 신의 성실을 유지하며 프로젝트의 목표와 실행조직의 목표를 동일시하는 효과를 위한 전략적 선택임을 주장하였다. 목표가 실현되기 위해서는 조직의 내실을 채워줄 역량과 자질을 보유한 인재의 발굴이 필수이며 관련하여 EPC프로젝트 수행을 위해 공통적 혹은 개별적으로 요

구되는 역량(Capacity)과 자질(Capability)에 대해 살펴보고, 인재를
등용하고 평가하는 경영자의 입장에서 인재 발굴의 방안을 제안해
보고자 한다.

1) 역량(Capacity)과 자질(Capability)

어느 산업에서나 필요한 인재의 모습은 비슷하다. 인재를 구분
함에 있어 상대적으로 비교와 계량이 객관적인 요소기술 등의 분야
가 있고, 상대적으로 주관적인 평가와 판단이 개입되는 관리 및 의
사 결정 능력 등의 분야가 있으며, 후자를 기준으로 요구되는 역량
과 자질이란 ① 언어능력, ② 의사 표현 능력, ③ 미팅 운영 능력,
④ 계약서 해석 능력, ⑤ 설계, 건조와 같이 기술적인 분야에서도
관리의 시각으로 해결 방안을 제시하는 능력, ⑥ 사안을 금액과 소
요 일정 등 논리적인 배경을 기준으로 정량화할 수 있는 능력 등을
포함한다. 이러한 역량과 자질은 학벌이나 정형화된 교육과 인과관
계가 약하고 경험과 개인의 맞춤형 노력을 통해서 축적되며 단기간
관찰로 확인이 어려운 특징이 있다. 다국적 대상과의 협업 및 협상
이 일상인 EPC프로젝트에서 개중에는 언어 능력과 같이 객관적 지
표로 증명이 가능한 분야마저도 판단력과 의사 표현 능력 등 목적
달성에 필요한 비계량적인 요소들과 조화되지 않는다면 본의 아니
게 사실을 왜곡하거나 잘못된 방향성을 설정하여 오히려 역효과의
원인이 되기도 한다. 또한 EPC프로젝트에서 미팅은 운영과 관리의
가장 중요한 수단이다. 주간 단위, 월간 단위의 미팅이 일상이고 주
제와 이슈도 다양하다. 미팅을 통해 정보의 공유와 획득만이 아니
라 이해관계자 간 계약적 책임을 근거로 업무분장이 이루어지고,

책임의 달성 여부를 확인하기도 하고, 책임달성을 위한 조건과 환경을 수립하기도 한다. 미팅 운영 능력은 프로젝트 관리 능력 중 가장 중요한 분야로 언어, 판단력, 의사표현 능력 등의 종합적인 역량이 요구되며, 순발력 있는 상황 대응뿐 아니라 때로는 창의성도 요구된다. 계약 상대방 등 이해관계자와의 미팅을 통해 계약 당사자 간 수행 업무가 합의되었다면, 내부 조직 간 조율과 조정을 통해 약속된 기한 내 실행될 수 있도록 독려하고 작은 업무라도 방향성과 내용을 중간 점검하는 노력이 필요하며, 프로젝트 목적에 더 부합하거나 효율이 증가될 것으로 예상되는 방안에 대해서는 조직 간 이해관계를 넘어 수용할 수 있는 융통성을 발휘할 수 있어야 한다. 프로젝트 수행에 있어 계약서는 바이블과 다름없다. 다만, 계약서 해석의 능력이란 계약서가 작성 당시 어떤 목적으로 계약 조항이 작성되었는지 보다 해당 계약 문구를 자신의 목적에 부합하도록 해석해 내는 것이다. 가령, 발주처의 요구사항이 EPC기업의 책임을 구체적으로 적시했다고 볼 수도 있고, 변경 요청(Change Order)으로 해석될 수도 있는 경우 결정에 따른 결과는 천양지차이다. 다시 말해, 발주처의 어떠한 요구 사항도 EPC기업의 사전 계획 대비 상세가 아니라 추가 요구라고 정의할 수 있는 경우 변경요구(Change Order) 항목을 통해 소요비용 및 시간에 대한 추가 보상을 청구할 수 있는 권리가 주어지기 때문이다. 계약서를 기반으로 변경요구라는 논리를 만들어 내면 매번 성공하지 못하더라도 발주처의 간섭을 억제하고 혹시 있을 분쟁 상황에서 EPC기업을 대변하는 중요한 자료로 사용이 가능하다. 또한 설계와 조달, 설계와 건조 등 여러 공종이 함께 혼재되어 있는 사안에 대해 각 분야를 담당하는 전문가들의 의견을 이해할 만한 수준의 지식과 경험을 갖추고 있어야 하며, 어떤 사안이라도 문제의 본질을 파악하고 이해관계자들의 결정을 위해 직관적인 질문으로 요약할 수 있어야 한다. 또한 그 가운데 사실의 왜곡이나 변질이 없도록 조치 역시 필요하다. 문제를 단순하게 정리할 수 있는 역량은 맥을 짚는 것과 유사하다. 증상과 증세가 있더라도 처방은 맥을 통해 판단하듯 다양한 사안이 혼재되어 있는 경우 주변과 핵심을 구분하여 해결방안을 제안하고 확증편향에 젖어 들지 않도록 전문가 그룹의 자문과 재검증을 통해 처방을 확정하고 결정의 순도를 높이는 역량과 자질이 갖추어 져야 한다. 관련자들과 소통을 통해 이해를 조정하고, 사안을 통제하며 해결책을 찾아가는 기술적이고 관리적인 능력, 그리고 가격과 소요시간 예측과 같이 정량적인 요소로 측정하고 취환할 수 있는 상업적인 감각이 중요하다. 시스템으로 보완하여 객관성을 높이고, 이해관계자와 조직의 정보 활용 능력을 기반으로 필요에 따라 창의적 발상으로 지표적 성격의 혹은 계량적 성격의 숫자를 생산해 낼 수 있어야 한다. 이 밖에도 상대방의 동의와 신뢰를 얻어내는 효과적 방안으로 발표를 들 수 있다. 회의와 달리 발표는 정보와 계획을 체계화하는 사전 준비가 필요한 행위로 이해관계자의 합의나 동의를 이끌어낼 수 있는 유용한 방안이다. 회의나 협상을 통해 합의를 하는 경우 서로에게 부담이 발생하나 발표는 일방의 준비로 합의와 동일한 효과를 획득함에 있어 부담의 크기를 가볍게 유지할 수 있기 때문이다. 역량과 자질은 훈련과 경험으로 개선되는 부분도 있지만 여전히 복합적으로 발현되는 인재를 확보하는 것은 또 다른 문제로 각고의 노력을 통해서 찾아낼 수 있고 조직의 자산으로 유지할 수 있음에 유의하여야 한다.

2) 인재발굴의 방안

EPC프로젝트의 주요 포지션을 감당하기 위해 우선 기업이 주요 포지션을 우선 선발해야 하며 프로젝트가 수행되는 과정에도 지속적인 역량에 대한 평가가 이루어져야 하는 당위성에 대해 이의를 제기할 사람은 아무도 없다. 하지만 기업이 일상의 업무로 직원의 역량을 평가하고 책임을 부여해야 함에도 불구하고, 현실에서 벌어지는 인재 선발 방식과 평가 방식은 필요를 충당하지 못하고 있다. 리소스 컴퍼니 형태가 아닌 기능별로 조직을 운영하니 평가와 선발시, 자연스럽게 해당 조직의 전문성에 초점이 맞추어져 있고, 앞서 역량과 자질 항목에서 언급한 바와 같이 EPC프로젝트 수행에 있어 요구되는 관리와 이해관계자 간의 교류 등은 평가항목으로 고려되지도 못하는 한계가 있다. 개인적 편차가 상당하여 EPC프로젝트의 주요 포지션을 수행할만한 직원이 제한적인 것도 현실이다. 그럼에도 성장에 대한 외부적 자극도 높지 않아 스스로 노력하여 성장하길 기대하는 실정이다. 여느 직무 역량과 마찬가지로 교육 프로그램을 통해 단편적인 관리의 기법을 높일 수는 있지만 입체적인 관계를 상황에 맞게 혹은 필요한 상황을 조성하는 역량을 갖추기란 한계가 있기 마련이다. 가장 이상적인 방안은 조직 내 롤모델이 될 수 있는 리더를 포진하여 긍정적 영향을 주는 것이다. 역량 있는 인재를 발굴하여 책임과 권한을 위임함으로써 프로젝트의 효율을 개선할 뿐 아니라 조직 내 수준을 한 단계 올릴 수 있는 기회가 된다. 이러한 이유로 주요 포지션의 리더를 선정하고 역량을 주기적으로 확인하는 일은 그 자체로서 목적이 되어야 한다. 간섭과 관리의 경계에 유의하며 주요 포지션을 담당할 인재들의 업무 처리 능력과 방식에 관심을 가지고 지켜봐야 하며 보고만으로 평가하고 더 나아가 보고에 의존하는 행위는 철저히 배제되어야 할 대상이다. 개인별 직무 수행 능력을 평가하기 위해 특별한 과제를 내고 결과를 평가할 수도 있고, 일상의 업무 처리 능력을 기준으로도 가능하다.

(1) 시간을 함께하라

EPC프로젝트에 참여하고 있는 관리자의 직무 능력을 평가하기 위해서는 그들이 주관하고 발주처, 장비제조사 등 이해관계자들이 참여하는 미팅에 함께 동참하는 등 시간을 공유하면서 평가가 이루어져야 한다. 어떤 언어를 사용하고, 어떻게 통제와 조정을 실천하고, 의사 결정에 이르기 전에 필요한 정보를 어떻게 획득하는지 등 보고만으로 확인할 수 없는 역량의 본 모습을 기준으로 평가하려는 노력이 필요하다. 업무를 간섭하는 것과는 전혀 다른 접근이며 이러한 과정을 통해 평가의 객관화 기법도 발전하고 기업의 인재상도 확립하며 모든 구성원들에게 성장 진로를 제시하는 방안이 될 수 있다.

(2) 다면을 평가하라

구성원의 다면을 평가하는 필요성은 이미 많은 기업들이 절감하고 시행하고 있지만, 평가의 항목이 획일적이고 피평가자와 업무적/비업무적 접촉의 개연성이 있는 여러 조직의 의견을 수집하는 것으로 각각의 단면의 종합일 뿐 입체적인 정보라 하기에 한계가 있다. 피평가자의 다면을 평가하기 위해서는 다양한 상황에서의 대응과 처리 능력의 확인이 필요하다. 다른 이해관계자에게 동일한 질문지를 통해 성실성이나 책임감을 파악하는 것과는 전혀 다르며, 획득한 정보를 활용하고 이해관계자와의 합의에 접근하는 방식 등을 기준으로 평가가 이루어져야 한다. 앞서 언급한 미팅에 함께 참여하여 목격하거나 특정 사안에 대해 제안을 작성하고 상대방의 이해를 구하거나 절충안을 만들어내는 역량을 확인함으로써 본질적인 다면을 입체적으로 확인할 수 있다. 다면평가는 기업이 처한 상황에 맞게 특별히 개발되어야 하고 평가자의 꾸준한 노력과 절대적인 시간의 투자가 필요한 과정이다. 객관화를 유지하고 교차 확인하고 프로젝트 과정에서 벌어지는 다양한 사안을 직접 목격하고 결과에 이르는 과정까지 모든 맥락이 이해되는 상황에서 진정한 다면 평가의 목적을 실현할 수 있다.

(3) 당신의 평가는 선택이지 정답이 아니다

초기의 자료와 평가를 기준으로 인재 선발이 이루어진 이후에도 여러 가지 평가 방법을 통해 부족함이 확인되면 집단 지성을 강화하는 방향으로 보완되어야 한다. 집단 지성을 활용하기 위해서는 모든 사람이 더 많은 시간과 노력의 투입이 요구되며 이러한 과정을 통제하고 조정할 누군가가 임원그룹에 존재해야 한다. 임원그룹에서 적임자가 정해질 때까지 현업의 부족함을 메워줄 수 있다면 좋겠지만, EPC 수행을 위해 필요한 역량이 증명되었기 때문에 조직 내 의사 결정과 선발의 책임이 주어진 사례는 흔치 않다. EPC프로젝트를 수행할 적임자를 선발하는 일은 문제의 정답을 시험하는 것

이 아니라 주어진 상황에서 여러 가지 기준과 사유를 점검하여 최
선의 선택을 만드는 과정이며 확증 편향에 빠지지 않도록 높은 수
준의 주의가 필요하다.

(4) 인재 풀을 확대하고 세계와 경쟁하라

조직원들에 대한 유지와 관리만큼이나 세계시장에서 활발히 활
동하는 역량있는 인재들을 대상으로 시장의 모든 기업들과 치열한
경쟁이 필요하다. 급여 수준만으로 모든 것이 결정되는 것은 아니
고, 근무 조건과 위임의 범위 등을 복합적으로 적용하면 기업의 고
용 기준을 크게 벗어나지 않는 급여수준으로도 세계시장에서 인재
를 확보할 수 있으며, 나아가 훌륭한 롤 모델은 기존 구성원들을 자
극하고 긍정적인 성장에 기여하는 자극제가 될 수도 있다.

각 포지션별 목표의 달성은 손실을 방어하는 유일한 수단이고
이익을 담보하는 유일한 방안이다. 기업의 목표가 EPC프로젝트를
수행하는 것이라면 참여하는 모든 구성원이 최고의 인재여야만 한
다. 상위 몇 프로가 기획과 전략을 짜고 평균의 다수가 주어진 업무
를 수행하는 여느 산업과는 다른 인재 운영의 목표와 실천이 필요
함에 유의하여야 한다.

필수 시스템

시스템은 관리의 도구이다. 약점을 파악하고 의사결정을 돕는
다. 다만 시스템이 악용되는 소지를 방어해야 한다. 주관적 발상이
시스템을 통해 객관화되어 오히려 약점을 가리고 의사결정을 방해

하는 요소가 되지 않도록 주의해야 한다. 관리를 위해 필요한 시스템은 수십 가지가 넘는다. 기업의 특성과 목적에 맞도록 시스템을 갖추고 사용의 편의성과 정보 처리의 능력을 기준으로 지속적인 변화와 추가적인 개발이 필요하다. 또한 해외 EPC기업이 사용하는 시스템에 대해 관심을 가질 필요가 있다. 대한민국 기업이 사용하는 시스템은 자기 자원의 관리를 목적으로 사용되는 반면 해외 EPC기업들은 제3자 보유 자원 관리에 목적이 있다. 따라서, 하청기업이나 장비 제작사도 그들과 계약 관계를 형성하기 위해서 시스템을 통해 교신하고 정보를 자산화 하는 방식에 순응해야 한다. 다음은 시스템의 기술적인 사항은 다루지 않고 목적과 필수 기능에 대한 일종의 사양서와 같은 개념으로 관련 내용을 소개하고자 한다.

1) 달성율 측정(Achievement Rate Measurement)

EPC계약 포함 어떠한 서비스를 제공하든 프로젝트 형태로 진행이 되는 경우 객관적이고 신뢰할 수 있는 달성율을 측정할 수 있어야 하고, 이를 통해 ① 프로젝트 계획에 대한 정기적 평가, ② 프로젝트 종료까지 필요한 계획 수정 및 수립, ③ 프로젝트 수금을 위한 인보이스 발행 근거 등을 확보할 수 있다. 정확한 달성율 확인 없이 프로젝트가 당면한 문제를 정확히 진단할 수 없으며 대책과 대안 또한 방향성을 잃거나 주먹구구일 수밖에 없다. 정교한 측정이 가능한 시스템을 보유하고 있다면, 계획과 절차 등 사용하는 모든 조치와 표준의 신뢰도가 동반 상승하는 효과가 있다. 달성율 측정은 설계·조달·생산·시운전 등 모든 분야에서 집계가 가능해야 한다. 중간 달성율들은 필요한 시간과 자원 투입을 전제로 해야 하

고 선후 달성율과 기술적 독립성의 정도를 미리 확정해 두는 것이
필요하다. 또한 주요 일정(Key Event)들과의 연결성을 확보하고 있
어야 하며, 중간 달성율 사이의 관계와 주요 일정과의 관계는 이해
관계 대립이 존재하며, 이러한 이해관계의 조정과 통제를 시스템의
목적으로 삼는 것이 중요하다. 주요 일정(Key Event)의 조건이 달성
율을 포함하고 있다면 프로젝트 운영 측면에서 EPC기업의 대응력
을 스스로 제한하는 측면이 있으나 반면 프로젝트 품질을 높일 수
있는 해답이기도 하다. 본 사항은 특히 상세설계 및 조달분야에서
적용이 필수적이다. 극단적으로 설계와 조달이 해당 장비의 사양을
결정하지 못한 상태에서 장비제조사가 제품 제작을 시작하거나
EPC기업이 관련 건조를 시작하는 것은 결국 위험을 자초하는 길이
며, 대부분 주요 일정과의 이해관계를 통제하지 못해 발생하는 사
례이다. 프로젝트 최종 납기 일정을 만족시키지 못하는 경우 계약
적으로 처벌(Penalty)조항이 작동하는 등 부담이 발생하지만, 상세
설계와 조달이 필요한 달성율에 도달하지 못한 상태에서 건조를 시
작하는 것은 언제나 최악의 결과로 이어진다. 본 사항과 관련해서
는 제3장에서 다시 한번 강조하고, 관리 방안에 대한 논의도 추가
할 예정이다.

    달성율 측정을 위해 분야별로 적용될 기준을 달리해야 하며 구
체적일수록 효과적이다. 프로젝트를 진행하면서 혹은 프로젝트 완
료 이후에 해당 시스템의 개선 필요성 및 학습된 효과를 파악하여
지속적인 보완과 관리가 요구되며, 프로젝트에 참여하는 모든 조직
과 인원은 분야별 달성율 정보를 기준으로 업무 성과와 업적까지
평가하는 것이 필요하다. 달성율 측정은 프로젝트 일정 관리 시스

템과 실시간 연동되어야 하며, 변수를 줄이고 상수를 늘이는 방식으로 시스템 운영이 되어야 한다. 이는 어쩌면 생산설비를 현대화하고 대형화는 것보다 더 우선되어야 하는 사항으로, EPC업체의 중심 가치가 설비가 아닌 관리로 인식체계(Paradigm)의 변화가 요구되는 현 시점에 반드시 갖춰야 할 산업의 기반 환경으로 이해하여야 한다. 달성율과 공정율(Progress Measurement)은 서로 유사하지만 다른 개념으로 구분하여 사용하는 것이 필요하며, 두 지표 간 차이는 계약 당사자 간의 견해 차이를 양산하고 프로젝트 의사 결정의 방향성을 훼손하는 원인으로 작용한다. 달성율은 목적에 맞게 운영되어야 한다. 객관성이 결여되면 프로젝트 품질에 직접적인 영향이 발생한다. 고의로 착시를 의도하거나 유발하지 않도록 주의 경계가 필요하다. 현재로선 구체적이고 자세한 사항이 아닌 담론적 성격의 제안이지만, 예를 들어, 건조 예산으로 확정된 계획 노무 공수(Man-hour)의 소진정도에 따라 공정율을 집계하고 달성율과 혼용하거나 달성의 결과로 사용하는 것은 목적에 부합하지 않는 사례이다. 그리고, 보고 시 질타를 회피할 목적으로 현재 공정을 유리하게 포장하는 행위는 안일함을 넘어 배임적 행위에 가깝다. 프로젝트 중간 과정에서 큰 문제가 없음이 꾸준히 보고되는 프로젝트가 결국 엄청난 적자를 기록하는 경우는 수도 없이 목격하였고, 문제가 있지만 대처가 가능하다고 매번 보고를 모면하고 결국 회복의 시나리오는 소설이었음이 드러나는 경우도 허다하니 EPC기업의 성장과 성공을 위해 개선이 필요한 필수 분야이다.

상세설계: 설계의 경우 도면을 완료하여 발주처 승인을 위해 제

출하는 행위를 "출도"라 하는데, 출도는 계약자 일방의 입장이고,
발주처의 승인이 있어야 도면의 건수가 완료로 집계될 수 있는 것
이다. 설계는 수많은 장비의 정보를 종합하고 반영해야 하는데, 그
들의 정보를 변수로 남겨 놓고 설계를 진행하고는 달성율에 반영하
기도 하니, 이러한 관행이 개선되고 걸러질 수 있는 시스템의 준비
가 필요하다. EPC기업으로서 상세 설계 진행을 위해 해외 설계 하
청사를 사용하는 경우, 달성율 집계에 있어 엄격한 규칙을 시스템
에 적용하고 계약자 간 준용될 수 있도록 사전 합의가 필요하다. 주
계약자인 EPC기업은 적자에 허덕이는 가운데, 설계 하청사는 '도면
출도 건수가 수익'이라는 방정식을 더이상 인정해서는 안 된다. 도
면은 필요한 정보가 포함되고 최종 승인이 완료된 경우를 조건으로
달성율에 반영되는 것이 당연하고, 상세설계 문건을 특정 기준으로
구분하여 달성율을 재 집계함으로써 대금 지급의 유효적 집행을 가
능하게 하는 구조로 구성되어야 한다. 달성율 집계는 품질과 일정
을 포괄하며 설계하청사를 관리하는 주요 수단으로써 EPC기업에게
주어지는 계약적 책임과 유사한 방식인 주요 일정(Key Event) 개념
을 도입하고, 프로젝트 전체적으로 의미 있는 상세 설계 일정은 관
리적 수단과 연결고리를 계약적으로 구성하는 노력이 필요하다. ①
주요 장비 제조사와의 인터페이스(Interface) 수준, ② 3D 모델링 완
성도, ③ 건조 및 조달의 정보 제공자로서 역할 등을 주요 일정의
배경으로 선정하고 목적에 맞는 품질검사를 기준으로 달성율 집계
를 수행하여 평가하는 것이 중요하다. 주요 장비 제조사와 기술적
교류의 정도를 수치화 하기 위해 EPC기업의 프로젝트 수행경험을
토대로 Data Base화 하는 사전 노력이 요구되며 품질을 판단하는

기준을 정립해 놓으면 계약부터 수행까지 새로운 시각에서 설계 하청사를 관리해 나갈 수 있는 동력이 마련된다. 3D 모델링의 완성도 검토는 기술적 관리 수단이며 활용도를 높여야 한다. 주요 제조사와의 인터페이스 수준을 다시 한번 확인하는 것을 포함하여 상세설계의 전체적인 완성도를 점검하며, 건조를 위한 준비 상태와 유지보수를 위한 공간 및 방안까지 여러 관점에서 검토가 필요하다. 따라서, 3D 모델링 검토는 설계 조직만의 일정이 아니고, 프로젝트 후반부를 담당할 생산과 시운전 등 전 조직이 함께 참여하여야 하며, 수차례 실시하는 3D 모델링의 관점을 점차 설계 완성도에서 건조 적합성으로 옮겨 가며 관리하는 것이 필요하다. 3D 모델링 검토와 같이 발주처, 설계사 및 EPC기업 등 삼자가 동시에 참여하는 일정에서는 의사소통의 어려움 때문에 지적사항이 있어도 주저하는 경우가 있다. 협업을 통해 언어적 문제를 해결한다고 생각하고 동료 간 소통하며 문제제기하고 궁금한 점을 해소하고 문제점을 지적해야 한다. 경험을 통해 보면, EPC기업 내 직원 간 서로 핀잔을 주기도 하고, 이벤트 진행에 혹시라도 서투른 소통이 방해되지 않을까 걱정하여 소극적으로 참여하는 경우가 빈번하였다. 설계 하청사와 계약 관계에 있는 EPC기업의 엔지니어들은 자신감을 가지고 조그만 궁금증이라도 해소할 수 있는 분위기를 조성하고, 설계가 목표한 바를 달성하는 기술적인 확인 작업 외에 건조와 시운전 관점에서 프로젝트에 대한 이해도를 높이고, 공사의 순서를 가상으로 점검해 보는 수단으로 활용해야 한다. 이해관계자 간 3D 모델링 전후로 EPC기업 자체 검토 일정을 가져보는 것을 추천하며 상세설계사의 품질 평가와 연계하여 수행하는 것이 바람직하다.

조달: 조달의 달성율은 설계와의 정보 교류 및 납기 관점에서 파악해야 한다. 프로젝트마다 특성이 있겠지만 조달 금액은 전체 프로젝트 금액의 60% 이상을 차지하며 설계를 위한 원천 정보를 제공하고 생산과 시운전의 흐름을 제한하는 요소를 포함하고 있다. EPC시장에서 조달분야는 단순 구매(Procurement) 행위가 아니라 장비제조사 관리(Supply Chain Management)의 관점으로 시각 전환이 이루어 질 만큼 비중이 크고 질적으로나 양적으로 적정 수준의 관리력에 대한 고민과 준비가 필요하다. 주요 장비들의 경우 제한된 제조사가 전 세계 시장의 공급을 독점하고 있고, 일부 장비는 제조사별 장비 사양과 기술적 목표에 차이를 두어 시장을 분할하고 있기도 하여 결과적으로 독점화되어 있기도 하다. EPC기업이 구매자로서 일반의 협상력을 발휘하기 어려운 환경이다. 특히, 발주처가 특정 장비 제조사에 대한 선호도가 있는 경우, 장비 제조사의 상황과 일정에 따라 프로젝트 전체 일정이 수정되어야 하는 경우도 발생한다. 따라서, EPC기업의 관리 방식도 계약 및 시장의 특성에 맞게 개선되어야 한다. 장비의 특성보다는 조달의 형태에 따라 패키지(Package) 장비를 납품하는 경우와 단일장비 납품의 경우를 나눠서 관리력을 할당하는 것이 필요하다. 패키지 장비의 경우 EPC프로젝트 속 작은 프로젝트로 간주하고 팀 단위의 관리력을 구성하여 ① 해당 장비제조사의 생산능력 한계, ② 새로 적용될 관련 법령의 관리 현황, ③ 장비제조사의 설계팀 구성 현황, ④ 패키지 장비 구성을 위해 장비 제조사가 진행하는 조달 현황, ⑤ 장비 제조사와 상세 설계 하청사 간 정보교류 현황, ⑥ 제작 현황, ⑦ 공장 검사 등 모든 일정과 공정을 면밀히 관리 감독하고 이러한 기준에 따라 달

성율이 측정되어야 하며, 정기 보고와 미팅을 통해 미세 관리가 필요하다. 모든 패키지 장비 제조사에는 감독과 달성율 점검을 위해 납기 완료까지 EPC기업의 직원이 상주하며 관리하는 것이 실수와 지연을 줄이는 방법임을 간과해서는 안 된다. 단일장비로 납품하는 경우도 동일한 관리 방식과 달성율 집계가 필요하나, 관리 대상의 크기에 따라 투입되는 관리력의 크기를 합리적으로 결정할 수 있다. 가령, 패키지 장비와 달리 상근 직원을 배치하는 것보다 유럽, 미주 등 구역별로 관리해 나가는 방안을 조치할 수 있다. 설계와 조달은 프로젝트를 선·후행으로 구분하는 경우 선행에 해당하여 지연이 있어도 혹은 부족한 부분이 있어도 프로젝트 건조 기간 동안 회복이 가능할 수 있다고 생각할지도 모르겠다. 설계와 조달이 제시간에 계획된 품질을 완성해도 생산과 시운전 등 프로젝트 건조 단계에서 발생하는 변수와 돌발에 대한 대처는 여전히 도전적이고 전문적인 자원의 활용을 요구하는 것이 현실이다. 또한 관리자의 역량이 기술과 설비 등 환경적 지배를 넘어서기 어렵고 목표 달성을 위해서는 프로젝트 외적인 요소들도 통제해야 하는 특성이 있다. 따라서, 조달 및 설계 분야의 달성율 측정은 기록과 정보의 정교함과 더불어 투입되는 관리력의 자질과 권한 설정이 목표 달성을 위한 사전 조건임을 주지해야 한다. 조달 분야에서도 달성율은 대금 지급과 연동해야 하고 장비제조사가 긴장을 유지할 만한 보(배)상 혹은 처벌 규정의 도입과 적용을 통해 프로젝트라는 동일한 목적에 참여하면서도 EPC기업과는 완전히 다른 생존환경에 속한 현실을 개선해 나가야 한다.

생산: 생산은 EPC기업의 생산 전략과 EPC 야드에서 진행되는 타공사와의 간섭 관리가 매우 중요한 사항이다. 대한민국 EPC기업 중, 야드에서 프로젝트 완성을 목표로 하는 대형 조선소의 경우 흐름 생산의 방식으로 프로젝트 건조를 진행한다. 흐름 생산이란 고정된 설비를 프로젝트 단위가 움직이며, 계획된 형태로 건조를 진행하는 방식으로 필요한 자재나 장비가 계획된 시간에 공급되는 것이 관건이다. 필요한 자재와 장비의 도착이 지연되면 설치 없이 다음 공정으로 진행해야 하는 경우도 발생하며, 늦게 도착한 자재나 장비는 더욱 어려운 환경에서 설치를 진행해야 한다. 달성율 집계 시 불완전한 공정의 상태를 감안하여 마이너스 팩터(Factor)를 주는 방식이 필요하다. 이러한 조치를 통해 단계가 진일보하였음에도 이전 공정율 대비 감소하는 경우를 유발하고 설치 환경의 어려움으로 인해 오히려 공정율의 역효과가 발생함을 적시하여 보다 사실을 반영한 달성율을 집계할 수 있으며, 이에 상응하는 적절한 의사결정이 가능하다. 공정율 집계 방식과 더불어 주의가 필요한 점은 생산의 다양한 공종별 투입자원과의 관계적 특성을 파악하는 것이다. 해당 공종이 요구하는 투입 자원의 전문성 수준과 인적 자원 투입 규모에 따른 결과의 반응성을 지표화하는 노력이 필요하다. 보온 설치와 같이 투입자원의 전문성에 따라 성과의 차이가 뚜렷하고, 투입자원의 규모와 설치 속도가 정비례하는 경우가 있으며, 비계 설치 및 철거와 같이 달성율에 지대한 영향을 미치지만 달성율 집계에는 포함되지 않는 지원 항목들도 존재한다. 또한 투입규모를 증가시켜도 비탄력적 반응을 보이는 공종도 존재하는 등 투입자원의 한계 효용과 탄력성을 지표화 함으로써 의사 결정의 가이드 라

제1장 가치와 변화 47

인으로 활용될 수 있도록 준비와 조치가 필요하다. 또한 생산의 공
종율은 공사를 건조하면서 자연스럽게 발생하는 주변 영향성을 해
소하는 것까지 포함해야 한다. EPC기업이 계획된 시공을 완료한 것
뿐 아니라 필요한 검사와 승인의 완료를 기점으로 공정율 집계가
이루어져야 하는 것은 당연하며, 건조 공사 과정에서 자연스럽게
발생하는 먼지와 오염, 공사 자재 철거 등 비본질적인 업무라 여겨
졌던 하지만 건조 공사의 과정에서 점검되어야 하는 일련의 활동
등을 포함해야 한다. 하청 계약의 형태로 생산에 필요한 인적 자원
을 확보하는 작금의 상황에서 해당 계약서의 업무 범위로써 이러한
사항을 적시하고 관리해 나가는 노력이 필요하다.

시운전: 생산과 시운전은 별개의 단계로 관리하는 것은 재고가
필요하다. 프로젝트 공통적으로 생산과 해당 검사가 완료되면 설치
완료(Mechanical Completion)로 정의하고 생산에서 시운전으로 운영
의 주체가 넘어가는 방식으로 진행된다. 시운전은 장비와 설비의
기능확인(Function Test), 운전개시(Start–Up), 성능시험(Performance
Test) 등을 진행하면서, 설치완료 검사에서 발견되지 않았거나, 다
양한 이유로 발생된 결함사항들을 생산에 통보 및 수정 요청하고,
생산은 이에 대응하는 방식으로 생산의 추가 개입이 발생한다. 또
한 EPC기업의 운영방식에 따라 설치된 자재와 장비가 시운전 시작
하기 전까지 설치상태가 유지되도록 조치하는 관리업무(Preservation)
를 생산의 주관으로 설정하기도 한다. 설치완료나 유지관리 업무
등은 날짜를 특정하는 하나의 이벤트가 아니라 구역(Area)이나 운
영단위(System)별로 생산에서 시운전으로 인수인계 되는 방식으로

프로젝트 인도(Delivery)까지 하나의 조직처럼 유기적으로 작동해야 한다. 따라서, 생산과 시운전을 각각의 업무로 관리하는 것보다 프로젝트 건조(Construction)라는 하나의 활동으로 통합관리하는 것이 필요하다. 통합관리를 통해 단위 업무의 우선순위를 정함에 있어서도 종합적인 시각으로 판단이 가능하다. 건조가 시작되면 계획과 달성율 집계를 위해 기업별 관리 시스템(Project Completion System)을 운영하며 설치와 시운전의 완성도를 기록하고 확인한다. 관리 시스템이 생산과 시운전을 일원화하여 관리하는 만큼, 실제 운영도 동일한 방식으로 운영하는 것이 효율적이다. 해당 시스템에는 프로젝트 인도를 위해 요구되는 모든 건조 행위를 관리 가능한 최소 단위로 구분하고 시간 순서에 따라 필요한 행위를 Activity 형태로 입력하여 건조 달성율을 정량적으로 평가할 수 있도록 설계되었다. 시운전을 통해 설치된 설비와 장비들이 제 기능을 발휘하도록 영점을 조절하고 반응 속도를 설정하며, 기준에 따른 설치 일정 등이 하드웨어적인 통합의 과정이라면 시운전을 통해 소프트웨어적인 통합을 완성하여 프로젝트가 목적에 맞는 기능을 구사하도록 프로젝트에 생명을 불어넣는 활동이다. 시운전의 지식과 역량에 더하여 설계·조달·생산 및 주요 장비제조사의 지원 등이 달성율 확보에 필수적인 사항임을 고려하여 관리가 이루어질 수 있도록 조치가 필요하다. 프로젝트는 시운전 완료 후에 비로소 EPC기업의 계약적 책임을 완수할 수 있음에도 설계·조달에 비해 기업의 관리 집중도가 떨어지는 경향이 뚜렷하다. EPC프로젝트 중 시운전이 차지하는 원가 요소가 5%를 밑돌고, 시운전이 시작되면 프로젝트 달성율도 90% 이상 집계되는 구조가 원인이다. 시운전 완료가 비로소 EPC기업의

채무(Liability) 관계와 처벌(Penalty) 가능성을 청산할 수 있음을 간
과하는 경향이 있다. 시운전을 생산의 일종으로 판단하고 인력 수
급을 관리의 기준으로 삼는 경향 또한 다분하다. 시운전 분야는 독
립적인 분야로서 달성율을 관리하는 것이 아니라 설계·조달·생산
등 단계별로 프로젝트가 진화하고 분업화된 방식으로 경계를 설정
하였다면, 그 경계를 시운전 완료까지 확장하는 것이 필요하다. 또
한 설계된 제품이 시운전 완성까지, 조달로 획득한 자재와 장비가
시운전 완성까지, 설치 완료된 자재와 장비가 시운전 완성까지 이
어질 수 있도록 관리의 방향 전환이 필요하며 시운전을 하나의 기
능이 아닌 Technical Project Manager로서 위치를 설정하는 것이
필요하다.

2) 프로젝트 플래닝(Planning)

달성율 집계가 프로젝트의 결과를 측정하는 시스템이라면, 프로
젝트 플래닝은 목표 설정에 해당한다. 플래닝은 스케줄링(Scheduling)
과 혼용해서 사용하기도 하나 구분이 필요하며 두 개념의 혼용은
프로젝트의 방향성을 교란하는 원인이 된다. 프로젝트는 매번 다른
목적과 방식이 요구된다는 점에서 동일한 제품을 다량 생산하는 공
장형 산업과 차이점이 있다. 계약서에 명시된 프로젝트의 목적은
대개 수치로 표현되어 구체적이지만 무엇을 어떻게 해야 할지 결정
하기 위해 설계와 조달의 과정을 거치면서 **변수를 상수화** 하고 선소
와 시운전을 통해 비로소 **제품화**할 수 있는 태생적 특성이 존재한
다. 이를 위해 프로젝트 완성까지 필요한 모든 활동은 상의하달
(Top-down) 방식으로 WBS(Work Breakdown System)의 형태로

관리 가능한 최소 단위까지 나누어 구분하고 생산과 시운전의 관점
에서 새롭게 그룹화하여 건조를 진행한다. 최소 단위로 나누어진
각각의 업무는 프로젝트 규모에 따라 수십만 건 이상이 되기도 하
며 각각의 업무 목적을 설정하는 과정에서 프로젝트에 대한 이해를
새로이 하고 프로젝트 수행의 하부 조직별 세부 목표로서 의미를
가진다. 관리 가능한 최소 단위별 업무 목표가 설정되면 수행에 필
요한 자원을 할당하고 제한된 자원과 기술의 관점에서 수행 가능성
을 평가하며 세부 단위와 프로젝트 전체를 만족시키는 방안이 도출
될 때까지 반복 수행하는 것이 필요하다. 이러한 일련의 과정을 프
로젝트 플래닝(Planning)이라 하고, 목적과 방안이 확정된 최소 단
위의 업무 목록에 대하여 비로소 누가 언제 수행할 것인가를 추가
로 결정하게 되는데 이를 스케줄링(Scheduling)이라 한다. 현재 산
업에서는 예측된 단위 업무의 수행 기간을 기준으로 확률 분포 이
론을 적용하여 프로젝트 전체 기간을 산정하고 EPC기업이 보유하
고 프로젝트에 투입 가능한 자원의 크기와 비교하여 프로젝트 리스
크를 수학적 모델을 기반으로 판단해 주는 다양한 툴(Tool)과 시스
템이 존재한다. EPC기업도, 발주처의 요구에 따라 이러한 시스템을
도입하여 프로젝트 관리를 위해 운영 중이지만 활용도는 매우 초보
적인 수준에 머물고 있다. 개개인의 경험과 지식에 의존하여 단위
업무의 처리 기간을 할당하고 직렬로 연결하여 산술적 기간의 총합
을 확인하는 수준이며 단위업무의 특성이나 변동성에 대한 노출 가
능성과 크기도 전혀 고려되지 않고 있다. 단위 업무로 분해하는 목
적이 관리의 편의를 확보하기 위함이라 각각의 단위 업무를 독립적
으로 간주하여 기간을 산정하거나 필요한 자원을 파악함에 있어 해

당 공종의 경험을 살린다면 어려움 없이 정리할 수 있는 것은 사실이다. 하지만, 수십만 건의 단위 업무 간 ① 상호 의존도, ② 필요 자원의 공유 가능성, ③ 순서의 경직성 등을 함께 고려하지 않는다면 프로젝트 전체 일정의 정보로서 가치가 현저히 떨어지고 의사결정의 기준으로 삼는 경우 올바르고 적절한 방향성을 담보할 수 없다. EPC기업이 보유하고 있는 자원은 설비와 인적자원으로 두 가지 모두 변동성에 매우 취약하다. 따라서 분석된 단위업무는 일상적인 것과 도전적인 업무로 구분이 필요하며, 일상적인 업무는 과거 경험을 기준으로 소요 기간을 예상함에 있어 결정론적(Deterministic) 모델을 활용하고, 도전적인 업무의 경우에는 예상 기간과 필요한 자원 정보를 별도로 수집하여 확률론적(Probabilistic) 모델을 활용한 시나리오별 분석을 통해 구체성을 높여 나가는 노력이 필요하다. 또한 프로젝트를 구성하는 단위요소를 사건(Event)과 활동(Activity) 등으로 구분하여 사건(Event) 완성을 위해 필요한 활동(Activity)의 구성을 관계망으로 구성하고, 앞서 언급한 수학적 모델의 활용을 통해 프로젝트 수행에 있어 최장 경로(Critical Path)를 확정하며, 이를 기반으로 관리 우선순위를 결정하는 노력이 필수적이다. 또한 최장 경로에 포함되는 모든 활동(Activity)과 사건(Event)은 자원에 반응하는 탄력성에 따라 투입 자원의 크기를 조절하며, 프로젝트 리스크를 주기적으로 점검하고, 결과에 따라 전략 수정의 근거로 삼아야 한다. 수천억 원에서 수조 원에 이르는 규모의 프로젝트를 수행함에 있어 의사 결정의 근거와 명분은 보다 체계적이고 과학적이어야 한다. 또한 프로젝트 계획과 일정은 높은 확률의 적중율을 유지해야 의미 있는 전략 수립이 가능하고 프로젝트를 제대로 통제

하고 관리해 나갈 수 있는 바탕이 된다. 프로젝트 플래닝(Planning)
과 스케줄링(Scheduling)은 고도의 관리 방안이며 EPC기업의 입장
을 직접적으로 대변하는 수단임에도 그 중요성을 인식하지 못하고
있다. 본질과 의미를 파악하지 못하여 중요함을 판단할 자격조차
갖추지 못하고 있는지 모르겠다. 그저 중요하다고 대뇌이지만 해당
업무를 수행하는 인적 구성을 통해 플래닝(Planning)과 스케줄링
(Scheduling)에 대한 조직의 시각을 간접적으로 확인할 수 있다.
EPC프로젝트는 관리의 수단을 강화하고 관리의 근거를 제공하는
모든 활동에 대해 인식을 새로이 할 필요가 있으며 이러한 노력은
설계 하청사나 주요 장비제조사를 관리하는 것에 비해 자기 주도적
이고 노력과 관심의 정도에 따라 단기적 성과도 기대할 수 있는 분
야이다. 치밀한 계획을 위해 많은 시간을 사용하여 조직원의 지식
을 총동원하는 노력도 필요하지만 시대가 제공하는 수학적 모델과
입증된 기법에 대입하여 새로운 시각으로 프로젝트를 바라보는 기
회와 동기가 수반되어야 함을 강조하고자 한다.

CHAPTER 02

입찰과 협상

입찰과 협상

견적 내역서는 원가의 통화 버전이고 기술제안서는 나래이션 버전이다. 견적 내역서는 원가에 전략적 목표를 더하여 가격을 생산하는 목적이 있고, 기술제안서는 원가에 맞춰서 제품을 만들어 내는 것에 목표가 있다. 원가에는 조건이 있다. 조건을 비용으로 산정할 수 없으면 '불확실하다'라고 하고, 범위로만 산정이 가능하면 '위험하다'라고 한다. 정의에 동의하지 않는 이들도 있을 것이다. 새로운 정의는 사고를 정돈해 주지만 쉽게 저항에 노출된다. 하지만 계속 정의하고 사고를 정리하고 저항이든 브레인 스토밍이든 거친 과정을 거쳐 다수가 인정하는 상식의 주인이 되길 노력하는 것이 전략적 사고의 기초이고 대응의 전문성을 높일 수 있는 방안이다. 복잡한 정보를 간결하게 정의하고 공적인 기회를 빌어 활용하면 신뢰의 토대가 쌓이고 쟁점을 분명히 할 수 있다. 입찰은 기회의 장이다. 특정 발주처를 대상으로 특정 목적물을 대상으로 진행하는 확률 높은 영업활동이다. 기술제안서와 견적내역서는 동일한 본질에 기초하며, 그 차이에 따라 입찰의 리스크와 불확실성의 크기가 정해진다. 따라서, 그 둘의 관계를 기준으로 제안서를 설명하고 계약서를 협의해 나가는 노력이 필요하다.

입찰관리(BID Management)

제안서 작성은 기업 매출 달성을 위한 전제이며, 시장에 존재하는 **사업적 기회를 기업의 자원과 연결 지어 가치를 창출**해 가는 일련의 과정 중 매우 초기 단계에 해당한다. 그리고 기업의 자기 비용으로 진행하는 영업활동이면서, 선순환적 투자활동으로서 제안서 작성이 계약으로 이어지지 못하는 비율이 높다면 영업수지의 악영향을 미치는 원인이 되기도 한다. 제안서 작성은 프로젝트 요구사항과 가용한 자원의 이해를 바탕으로 시작된다. 형식적 요건과 실질적 요건을 만족시켜야 한다. 사업적 제안으로 계약 서명이 이루어진다면 구속력을 발생하는 계약 예비 문서이다. 기업의 전문성을 상품화하는 창조적인 과정으로 제안서 작성과 관리는 높은 수준의 전문성을 요구하는 영역이다. 제안서 작성에 대한 구체적인 사례와 전략은 후속 내용에 포함시키고 입찰 시작 전 고려 사항에 대해 우선 살펴보고자 한다.

자기비용 활동

기업의 자기 비용 활동은 목적과 명분이 확실해야 한다. 프로젝트 수행을 통해 매출과 이익을 달성하는 EPC기업은 계약 금액의 회수를 통해 비용을 충당하는 것이 원칙이다. 이와 달리, 제안서 작성은 기업이 자발적으로 미래 매출 달성을 위해 지출하는 비용으로 확실한 명분이 존재하지만, 입찰 실패의 가능성이 높거나 프로젝트 위험성이 현저함에도 혹시나 하는 기대로 입찰에 참여하고 제안서 작성에 자원을 투입하는 것은 지양해야 한다. 입찰의 대상이 되는 프로젝트 자체의 위험성, 기업이 가용할 수 있는 자원의 관점에서의 위험성 등을 기반으로 최소한 '**입찰불참 기준(No Bid Criteria)**'을 설정해 놓는 것이 필요하다. 기준에 해당하지 않는 경우에도 위험도 분석을 통해 입찰 참여는 신중하게 결정될 사항이다. EPC는 과점 시장임에도 기업들의 No Bid 선언이 흔하지 않아 스스로 기울어진 운동장과 같은 산업환경을 자처하고 있는지도 모르겠다. No Bid 선언은 EPC기업이 발주처에게 보내는 강력한 메시지이며 기업을 안전하게 지키는 최소 장치이고, 장인정신의 발로로서 기업 명성에도 기여하는 바가 있다. 최근 미국 소재 EPC기업들은 Lumpsum 계약 조건은 무조건적 불참을 선언하기도 하는 등 불공정 조건에 대한 명시적인 저항과 기업 가치를 지키는 최소한의 방어막을 형성하고 있는 사례도 있다. 입찰 담보(BID BOND)를 요구하는 일부 발주처도 있어 일단 입찰 참여를 결정한 기업은 제안서 작성까지 완주가 제도화된 입찰 방식도 있으며, 위험 유발 요인에 따라 최소한 입찰 불참 기준을 사전에 설정해 놓는 것이 필요하다.

입찰 불참 기준(No Bid Criteria)

1) 사전 인지 수준에 따른 위험

EPC프로젝트의 특성상 입찰 개시 수년 전부터 개념설계, 기본 설계 등 일상적인 노력으로 감지가 가능한 대규모 사전 준비가 진행되며, 프로젝트의 타당성 검토를 위해 염두에 두고 있는 EPC기업과의 사전 교류 또한 필수적이다. 따라서, 사전 인지가 없었던 기업이라면 성공확률이 현저히 낮은 것으로 판단하고 No Bid를 고려할 수 있다.

2) 발주처 친밀도에 따른 위험

발주처의 성향과 명성은 주기적으로 확인되어야 하는 영업 정보이다. 친밀도가 높은 발주처가 주관하는 입찰의 경우 동일한 사안도 낮은 위험도로 평가할 수 있는 반면 정반대의 경우라면 No Bid의 배경을 찾는 것이 빠를 수 있다. 발주기업의 의사 결정 방식을 경험했고 기술 사양서를 이해하고, 기업 간 교류가 프로젝트 유무와 상관없이 이어졌다면 높은 친밀도를 유지하는 것으로 충성도가 높은 발주기업이라 할 수 있다. 반대로 이러한 경험이 전무한 경우 여러 경로를 통해 확인된 특성을 기준으로 발주기업별 위험분석도를 정기적으로 업데이트하여 추가 예산 집행의 과정이 까다롭고, EPC기업이 경험하지 못한 규정과 규칙의 적용을 요구하며, 나아가 건조 경험이 상대적으로 부족한 발주기업을 높은 위험도로 분류할 수 있다.

3) 필수 규정(Regulatory)에 따른 위험

충성도가 높은 발주처인 경우라도 설치 장소에 따라 경험하지 못한 규정들의 적용을 받아야 하는 경우가 있다. 발주기업 자체의 위험도와 더불어 종합적 판단의 대상이며, 협상을 진행하면서 위험도 수준을 재조정하는 노력이 필요하다.

4) 기술적 요구사항에 따른 위험

설치 국가에 따라 일부 혹은 전부 자국 내 건조를 요구하는 경우가 해당되며, 상대적으로 기반시설이 열악하고 가용자원이 부족한 국가일수록 위험도가 높을 수 밖에 없어 입찰 참여 결정 시 각별한 주의가 필요하다.

방임주의 배제

입찰 결정이 이루어지면 제안서 준비를 위한 조직적 대응이 시작되고 주관은 상시 조직에서 사안에 따라 전문가 그룹의 자문과 지원을 받아 준비한다. 앞서 조직론에서 다루었듯이 대한민국 EPC 기업은 프로젝트 기준이 아닌 기능에 따라 조직이 운영되어 제안서 준비 시 모든 이해관계자에게 동일한 긴장과 집중력을 유지하도록 요구하기도 어렵다. 따라서 주관조직의 입찰 관리 능력, 프로젝트 이해 능력, 창의적 대응 능력 및 제안서 작성 능력 등이 품질에 기여하는 바가 절대적임에 유의하여야 한다. 제안서 작성은 사업의 영위와 확장을 목적으로 작성되는 문건이고 사안별로 기술적 방안, 계약적 책임, 소요비용 및 위험도 수준 사이의 상관관계를 고려하

여 한다. 제안서 분량은 수천 페이지에 달하며 프로젝트 수행에 있
어 선정된 전략은 적재 적소에 배치(allocated)되고 내용상 서로 이
해관계의 배치(contradicted)가 발생하지 않도록 주의하여야 한다.
제안서는 제출까지 체계적인 작성 및 검토가 이루어질 수 있도록
조직의 구성과 시스템의 보완이 필요하다. 조직 구성은 목적을 표
현하는 또 하나의 방법이다. 국제 입찰에 참여하는 구성원의 역량
과 자질의 우선 확보가 기본이지만, 책임과 의무를 규정하고 전문
성이 배양될 수 있는 조직을 고민하고 정비하는 최소한의 노력이
요구된다. 시간이 지나면 자연스럽게 개선된 방향으로 진보할 것이
라는 공허한 방임주의를 배격하는 노력이 필요하다. 제안서는 프로
젝트에 대한 이해를 기반으로 EPC기업의 가용 자원 활용에 대한
전략이 어우러진 사실적이고 증명가능한 스토리 라인을 이루어야
하며, 달리 말해 일인칭 시점의 대하 다큐멘터리라 할 수 있다. 상
업적 목적을 달성하기 위해 평가자의 시각을 사로잡고 메시지를 전
달하기 위한 구성과 편집, 단어 선택이 필수이며, 공감을 불러일으
킬 수 있는 사례가 추가되어 정서적 연대감을 도모하여야 한다. 제
안서는 작성 이후 제출까지 전문가 그룹의 검토를 통해 목적에 충
실하면서도 기업의 역량을 간과한 부분이 없는지 등을 확인하는 절
차가 필요하며 동시에 책 출판의 과정과 마찬가지로 교정 교열, 윤
문 등을 통해 신뢰도를 확보하고 전달력을 높이는 노력이 요구된다.
수집된 자료와 전략의 테두리 안에서 일관성이 유지되어야 하고,
프로젝트 수행을 위해 제안서에 인용된 기술적이고 관리적인 항목
들은 비용으로 수치화할 수 있는 근거가 함께 수집되어야 한다. 제
안서 작성 시, 표현과 단어사용에 있어 한계가 존재한다면 이미 품

질의 결함을 내재하고 있는 것으로 해석할 수 있다. 따라서 기초적인 자료 수집 이후에 제안서 초안을 작성하는 BID Writer는 우수한 언어적 역량이 요구된다. 프로젝트 요구사항을 검토하고 목차와 요목을 결정하는 일은 집단적 노력이 필요하며 이를 바탕으로 작성된 제안서의 초안을 검토하는 일도 집단적 노력의 일환이어야 한다. 집단은 분명한 책임소재를 막연하게 만들 수 있으나, 일련의 과정을 통제하고 기획하며, 집단의 일원으로 방향성의 기준을 벗어나지 않도록 관리하는 제안서 책임자의 리더십이 문제를 해결한다. 또한 제안서는 계획과 약속의 집합체이므로 전문가의 의견과 평가를 주관적인 구분법과 함께 인용하기도 하며 이는 구체적 사례와 인과관계를 형성하여 객관성을 높이는 노력이 필요하다. 입찰관리는 최종 목적인 계약에 이르기 위해 준비된 제안서를 통해 경쟁우위를 확보하고 동시에 프로젝트 요구사항에 대한 폭넓은 이해를 기반으로 위험을 계량화하고 프로젝트 수행에 대한 모의 실험을 수행하여 불확실성을 예고하고 사전 감지할 수 있는 환경을 조성해야 한다. 계약적 책임과 프로젝트 수행계획은 총론과 각론의 관계처럼 내용적으로는 상호 보완적이고 때에 따라서 각각의 위험수준을 완화시켜주는 수단으로 사용하여야 한다. 가령 프로젝트 실행계획 중 실행계획이 모호한 검사항목에 대해 기술적인 확인 작업을 통해 실행 가능한 수준으로 구체성을 확보하고, 계약서 협의 시, 계약 금액 이외 별도 항목의 범주로 구분할 여지를 확보한다면 두 문서를 조합하여 기술제안서의 수준을 높이면서 가격수준은 유지되는 성과를 작성할 수 있다. 또한 계약서에 합의된 필수 책임 항목의 경우 발주기업과의 책임 분산이 현실적인 방안으로 제시한다면 문제 발생 시, 행위의 인과관계를 근거로 책임의 한계를 관리 가능한 수준으로 설정할 기회를 확보한다. 입찰 관리는 프로젝트 수행관리와는 목적과 기법에 있어 차이가 있으나, 공통적인 것은 시간에 따라 역량이 축적되는 자연 증가 법칙이 존재하지 않는다는 것이다. 목적에 맞게 조직을 구성하고 목적에 맞는 인적 재원을 배치하고 리더는 구성원을 경영진은 리더를 끊임없이 방향성을 확인하며 사실을 공유하고 치열하게 논쟁하는 과정을 거쳐야 비로소 구성원의 역량과 제안서의 품질이 높아지는 가능성을 열어 둘 수 있다.

제안서 구성과 작성 전략

제안서의 형식적 구성과 내용적 구성에 대한 요구조건은 발주기업의 입찰 전략에 따라 정해지는 것이 일반적이나, 공통적으로 기술제안서(Technical Proposal) / 제안서 작성의 조건(QD&E, Qualification, Deviation & Exception) / 계약조항(Contract Terms & Conditions) / 견적 내역서(Commercial Proposal) 등 4가지 구성으로 이루어지며, EPC기업이 수주 기회를 높이기 위해 별도로 작성하는 자발적 제안서(Unsolicited Proposal)를 포함하여 준비하는 경우도 예상할 수 있다. 발주처가 입찰서류로 제공하는 계약서 초안과 FEED(기본 설계) 등을 포함한 프로젝트 요구사항은 접수 즉시 분야별 검토가 이루어지는 것이 우선이며, 제안서가 제출되는 순간까지 검토와 해석을 반복해서 진행하는 것이 보통이다. 또한 분야별 검토를 진행하면서 경험과 지식을 기준으로 위험요소를 발굴하는 것이 우선이며 위험요소는 기업별로 주관적인 기준에 따라 구분하여 정리하는 것이 보통이다. 인지의 정도에 따라 상, 중, 하로 나누고 실행방안 도출이 가능한 항목은 EPC기업이 목표로 하는 일정과 예산의 범위를 벗어 나는 정도에 따라 구분하며, 실행방안 도출이 불가능한 항목은 불 확실성 요소로 별도 구분한다. 위험요소들은 발주기업과 책임 공유 를 요청하거나 혹은 계약적으로 방어가 가능하도록 협의를 진행하 며 동시에 기술적인 해결방안을 타진하여 위험 수준을 완화시킬 수 있는 자구책도 강구해야 한다. <u>위험수준을 관리하고 해석하는 영역이 EPC기업 간 경쟁력의 척도로 사용되고 비용화 하는 과정에서 경쟁력은 객관화의 과정을 거친다.</u> 또한 가용 자원이 풍부한 EPC기업들은 위 험 요소에 대한 폭넓은 대처가 가능한 반면 고정비에 대한 부담이 커지는 약점이 발생하는 등 어느 분야에서나 균형을 찾아 나가는 것이 관리와 전략의 본질적 목표이며 경쟁력이라는 정성적 범주를 단일한 지표를 참고하여 획일적인 판단을 할 수 없는 것이 현실이 다. 따라서, 강점은 부각하고 단점은 보완하는 당연한 시도가 필요 하고 주요 장비제조사 및 예비 하청사들은 전문가 조직으로서 활용 도를 높이는 것이 부족한 자원을 보완하는 방안이 될 수 있다. 견적 내역서는 모든 제안서와 조건을 기준으로 마지막 단계에 작성되는 항목이며, 제안서의 모든 분야가 밀접한 상호 의존성을 보유하고 있으므로 정기적으로 교차 확인하면서 문서 간 조화로운 작성이 가 능하도록 관리가 요구된다.

평가기준(Selection Criteria)

입찰은 적지 않은 비용이 투입되는 영업 활동이다. 최종 기업으로 선정되지 못하는 경우 계량 가능한 가치를 찾기가 힘들고, 성공률이 낮아질수록 매출 발생의 기회는 줄어들고 판매관리비는 증가하는 등 영업이익 감소에 직접적인 영향을 주는 요소이다. 따라서, 입찰 참여 여부 및 입찰 전략 수립에 있어 발주기업의 평가 기준은 중요한 요소이며, 장기적으로 EPC기업과의 건전한 파트너십을 유지하고 프로젝트의 건전성을 확보하기 위해 개선된 평가 방식 도입에 대한 지속적인 제안이 필요한 분야인 것이다. 희소가치를 지닌 소수의 EPC기업을 상대로 불확실성을 해소해 가면서 수행이 요구되는 프로젝트 계약자 선정 시, 완전 경쟁 체제로 입찰을 진행하는 것은 모순적이다. 입찰 시작 전까지 발주기업이 수행하는 개념설계 및 기본설계 포함 수년간의 사전 활동을 감지하고 협상기반(Negotiated Tendering)의 계약을 추진하거나, 동일한 지역에서 추가로 진행되는 후속 공사를 동일한 조건으로 수행(Serial Tendering)하여 학습 효과의 이점을 살리고 유지보수의 효율성을 높이는 등 현재 입찰 방식의 문제점을 해결하기 위한 다방면의 노력과 접근이 필요하다. 평가방식은 발주기업의 전략과 정책에 따라 결정되며 정부 혹은 정부 산하 기관의 경우 해당 법령을 근거로 결정되기도 한다. 입찰 초청서에 평가기준을 명시하는 경우도 있고 영업망을 통해 정보를 취득해야 하는 경우도 있으며, 기준에 맞는 제안서 작성 방향을 설정하고 경쟁이라는 환경하에서도 프로젝트 위험 수준을 관리 가능한 범위로 낮추려는 노력이 필요하다.

최저가 선정 방식

대한민국 EPC기업들에게 가장 어려운 평가방식이다. 과점 시장임에도 국제적으로 새로운 경쟁사가 등장하기 마련이고 발주 기업은 가격 경쟁을 위해 의도적으로 경험과 실적이 많지 않은 개도국 EPC기업들을 함께 참여시키기도 한다. 기업 간 유착관계를 근절하고 공정 경쟁에 취지를 두고 있으며, 주로 정부 혹은 정부 산하기관이 관련 법령에 따라 도입하는 방식으로 발주기업 측면에서 복잡한 평가 메카니즘을 피하기 위해 프로젝트 요구 조건을 전부 수용(No Condition)해야 하는 단서가 전제되기도 한다. EPC기업 입장에서 가격 경쟁력을 갖추기 위해 기술적으로 최소 요구 조건 수준의 기술제안서를 설계하는 전략이 사용되지만, 오히려 프로젝트에 필수로 적용되는 기준을 높여 경쟁 기업의 진입 장벽을 높이고 기업의 역량에 따라 가격 프리미엄 요소가 고려되도록 제안하는 노력이 필요하다. 시장 진입이 목적인 신규 경쟁사를 대상으로 높은 고정비와 노무 단가를 감당해야 하는 기존 EPC기업이 가격 경쟁을 불사하는 것보다, 기술제안서와 입찰기간 중 진행되는 질의 응답의 기회를 활용하여 기술적 배경과 건조의 안전성에 집중하고 최저 입찰가 형성을 위해 감수해야 하는 위험도 분석을 강조하는 것이 스스로의 위험과 프로젝트 건조 위험을 줄이는 사전 활동이다. 최저가 방식은 입찰 제안서의 제출 시기와 회수도 융통성이 없어 EPC기업 입장에서 제안서 작성 시, 더욱 신중함이 요구되는 평가 방식이다.

게이트 통과 방식

기술 제안서를 기반으로 수개의 기업들을 최종 후보(Short List)로 우선 선발하고, 2차 경쟁을 통해 최종 계약자를 선정하는 방식이다. 두 번째 단계에서 가격과 함께 기술 제안서를 다시 제출하도록 요구하는 경우도 있고, 이미 평가한 기술제안서를 기준으로 가격만 추가로 제출하여 평가를 진행하기도 한다. 두 번째 경우에도, 첫 번째 기술제안서의 평가 순위가 가격과 함께 종합적으로 재평가에 반영되기도 하고, 선발된 후보군의 기술제안서의 순위를 고려하지 않고 가격만으로 최종 선발을 하는 경우도 상정할 수 있다. 경우의 수별로 기술 제안서 작성에 있어 다른 전략적 접근이 필요하며, 우선 1차 게이트 통과를 위해 EPC기업이 익숙한 표준을 최대한 반영하여 2차 게이트에서 가격 합리성을 도모하는 것이 중요하다. 프로젝트 기술적 예외 조항을 추가하거나 사용 빈도가 높았던 장비 제조사를 적극 고려하고 EPC기업의 자기 주도성을 높이는 방향으로 기술 제안서를 작성한다. 또한 이해관계자의 개입을 최소화하여 관리 영역을 간소화하는 노력이 필요하다. 프로젝트 요구사항 중 필수 항목을 제외한 모든 영역에서 EPC기업의 생산력이 극대화되는 방향으로 기술 제안서를 작성하면 경쟁력 있는 일정과 가격 제시가 가능하고 게이트로 평가되는 방식에서 최종 계약까지의 가능성을 높일 수 있다. 2단계 평가 구성으로 인해 기술 제안서와 견적 내역서 간 연결성이 현저히 낮아지도록 설계된 평가 방식으로 계약 조건을 통해 리스크 방어에 실패하는 경우 악성 프로젝트로 전락할 가능성이 높아짐에 유의하여야 한다. 특히, 고정비와 노동단가가 높

은 대한민국 EPC기업들에게 더욱 취약한 구조라 할 수 있다. 그럼
에도 매출이 꼭 필요한 상황이고, 최종 계약자로 선정되기 위해 기
술 제안서를 원하는 수준까지 타협하는 경우 (비용 절감을 위해 기
술적인 완성도를 떨어뜨리는 경우) 일차 게이트 통과가 어렵다고
판단한다면, 가격 상승 요인이 존재하는 경우에도 발주기업의 요구
조건을 만족하는 제안서를 작성하고, 최종 후보 선정 이후 경쟁 기
업 간 파트너십을 제안하여 우려했던 가격 경쟁 요소를 제거해 볼
수 있다. 경쟁사 간 신뢰도에 따라 사전 협의를 완료해 놓을 수도
있고 일차 선발이 완료된 후 전략적 협상을 제안해 볼 수도 있다.
파트너십은 또 다른 이해관계를 양산하고 업무 분장과 책임 소재
측면에서 분쟁의 소지가 존재하지만 시점에 따라 적정 가격을 확보
하는 방안이 될 수 있고 운영에 따라 시너지 효과는 예상할 수 있
는 약점을 초과하는 것이 사실이다.

　또한 1차로 몇 개의 기업을 선발하기 위해 근거로 삼는 기술적
배경이 EPC기업의 의지와 계획의 총아로 유사 프로젝트 경험을 배
경으로 참고한 경우에도 새로운 프로젝트에 적용가능한 수준인지
판단하기 어렵다. 다시 말해 프로젝트 리스크가 포장된 주장 뒤에
숨겨져 있음을 간과하는 것이다. 입찰에 참여하는 기업 간 기술적
그리고, 관리적 차이와 편차가 존재함에도 주관적 평가를 통해 차
이를 인정하지 않고 가격 경쟁만을 최종 평가의 기준으로 고려하는
것은 행정 편의주의적이고 역차별의 평가 방식으로 여겨진다. 장기
적으로 평가 방식에 대한 변화를 요구하는 시도와 노력이 필요하며
당장 입찰 조건에 순응해야 하는 경우 창의적인 방안을 고안하여
최적 가격 입찰 부담을 줄여 나가는 노력이 필요하다.

종합 평가 방식(Factoring 방식)

EPC기업의 제안서는 세 가지 분야로 구성되며, 앞에서 언급한 바와 같이 실행계획·프로젝트 예상 일정·조직도 등을 포함하는 기술제안서(Technical Proposal), 발주기업의 요구조건(계약서 및 기술문건)에 대한 EPC기업의 검토 결과(QD&E, Qualification, Deviation and Exception), 그리고 대금 지급 등 조건을 포함하는 견적 내역서(Commercial Proposal) 등으로 구분되며, 각각 상세한 하위그룹을 포함하고 있다. 발주처는 평가 전략에 따라 30%, 20% 50% 등의 항목별 계수를 설정하여 총점을 기준으로 순위를 평가하기도 하고, 복잡한 수학적 계산식을 도입하기도 한다. 기술제안서의 조건을 기반으로 견적이 작성되어 두 항목은 같은 가치의 다른 표현으로 노무비를 제외하면 EPC기업들이 제출한 기술제안서와 QD&E의 공정가치를 확인하는 것이 평가의 관건이라 할 수 있다. 분야별로 적용되는 계수들의 분포는 기업 보안 사항으로 취급되며, EPC기업 입장에서는 발주처가 어떤 항목에 주안점을 두고 평가하는지에 대해 영업력을 동원하여 확인하고 입찰의 전략을 세우는 것이 중요하다. 어떤 프로젝트는 일정이 무엇보다 중요하여, 결과적으로 프로젝트 일정을 포함하는 기술제안서 항목에 배점을 높게 가져갈 수도 있고, 발주처와 EPC기업 간 소송 등에 대한 확률을 낮추기 위해 QD&E 중 계약 조건에 대한 이견을 주요 평가 요소로 삼기도 한다. 낮은 계약 금액에 배점을 가장 높게 책정하는 것은 흔한 사항이지만, 이 또한 액면가(Face Value)는 낮추고, 조건을 강화하는 방식으로 접근하여 EPC기업 스스로 리스크를 최소화하는 전략을 발휘한다. 세 가지 평가 방식 중, 종합 평가 방식이 기술 제안서와 견적 내역서 간 연결성이 가장 높게 평가된다. EPC기업의 재무 건전성 등을 평가기준으로 포함시키고 대면 미팅을 통해 EPC기업의 역량을 평가하는 등 다른 평가 방식과 크게 다르지 않지만, 견고한 기술제안서에 프리미엄을 고려하는 최소한의 공정성이 보장되는 방식이라 할 수 있다.

앞서 살펴본 바와 같이 발주처가 채택하는 평가 방식에 따라 EPC기업 간 태생적인 유불리 요소가 존재하며, 어떤 평가 방식을 적용하든 제안서는 객관성을 유지하고 프로젝트에 대한 이해와 목표를 실행 과정에서 담아낼 수 있어야 하고 기업 간 기술적 차이가 프리미엄으로 가격에 반영될 수 있도록 지속적 요구가 필요하다.

기술제안서(Technical Proposal)

제안서는 입찰유무와 상관없이 중요하다. 제안서 구성 항목 중, 가장 많은 분량을 차지하는 기술제안서(Technical Proposal)는 EPC기업의 역량과 한계를 포함하고 경쟁 기업 대비 비교 우위를 선점하기 위해 전략적 방향성을 기준으로 현실적이고 논리적인 작성이 요구되고, 영업활동 및 입찰서류(RFP, Request for Proposal) 검토를 통해 파악된 프로젝트의 요구사항에 따라 강조할 부분과 일반적인 부분을 구분하여 작성하는 것이 필요하다. 입찰 개시와 함께 발주처가 제공하는 입찰서류에는 프로젝트 요구사항과 입찰 전 발주처가 직접 수행한 기본설계(FEED, Front & End Engineering Document) 문서들이 포함되어 있으며, 이들에 대한 검토와 분석이 제안서 준비의 시작이다. 프로젝트 요구조건을 토대로 목적물에 대한 이해를 확립하고, 함께 제공된 기본설계 문서를 통해 발주처가 지향하는 프로젝트의 기술적 방향성을 확인할 수 있다. 기술 제안서의 세부 사항으로는 수행일정과 건조계획 등을 포함하고 있으며, 프로젝트가 요구하는 인도 일정을 목표로 공종별 세부사항, 필요한 자원(Resource)에 대한 준비 계획을 수립하고, 일정을 기준으로 개선이 필요한 부분은 최적화 과정을 통해 목표 납기에 다가가는 방식으로 제안서를 준비한다. 기술제안서 작성 시, 수행 일정, 건조 계획 및 필요 자원 투입 계획 등은 상호 연결성을 지니고 있어 함께 분석하고 작성되어야 제안서의 품질을 높일 수 있다. 또한 상수화 가능한 사항과 변수로 남겨야 하는 사항을 구분하고, 후자는 관리 가능한 사항과 관리한계를 벗어나는 사항으로 나누어 구분해야 프로젝트 위험요소 목록(Risk Register)과 일관성을 유지할 수 있다. 정교한 <u>기술 제안서는 공사 수행 중 발생하는 원가 변동성을 추적할 수 있는 근거가 되고, Lumpsum의 기준(Boundary)을 설정하는 방법</u>으로 사용할 수 있다. 이를 목표로 발주처가 제공한 기본설계 문건 포함 RFP 분석, Technical Proposal 작성, 협상 방안 등 각 단계별 필요사항은 다음과 같다.

입찰서류(RFP, Request for Proposal) 분석

입찰서류는 발주처가 목표로 하는 프로젝트에 대한 정보를 망라하고 있으며 프로젝트 수행을 위해 검증된 EPC기업에게 입찰 참여를 요청하는 문서이다. 기술적인 부분에는 프로젝트의 사용연한

(Life Time), 승조원의 규모(Person on Board), 거주구 수용 인원, 목표 생산 용량 및 생산 방식(Process), 생산지원(Utility) 필수용량 및 예비용량, 안전조치 사항, 설치 방안, 목표 상업 운전 개시 시점 등을 포함하고 있다. 또한 최종 계약자로 선정될 EPC기업의 역할과 책임에 대한 상세를 포함하고 있다. 발주처의 사업 추진 및 승인을 위해 경제성 조사의 기반으로 사용된 최고 수준의 기술 사양서이고, 기본설계(FEED)를 통해 적용이 필요한 기술의 수준과 건조의 개연성을 확인하는 등 타당성 검토를 완료한 상태로 EPC기업 입장에서 입찰 참여를 판단할 수 있는 정보를 담고 있는 문서이기도 하다. 또한 입찰서류는 이해의 과정을 넘어 분석이 필요한 문서이다. 입찰서류 분석을 통해 불확실성이 존재하는지 위험 요소는 무엇이며 그 수위를 계측하기 위해 사용할 수 있는 데이터 베이스는 무엇인지 등 구분하여 목록화가 필요하다. 그동안 경험해 보지 못한 규칙과 규정, 발주처의 모호한 평가기준 및 EPC기업의 선택에 따른 결과 예측, EPC기업의 프로젝트 수행 품질에 따른 결과 예측, 프로젝트 인도 절차 등 입찰 기간부터 프로젝트 수행까지 발생 가능한 시나리오별 가능성 있는 결과를 예측해 보고 불확실성과 위험요소를 최소한 계량이 가능한 항목으로 조정할 수 있는지 등을 확인하고 정보 수집을 통해 제안서(Proposal)제출 시점까지 지속적인 갱신을 유지하는 것이 중요하다. 입찰서류에 대한 분석이 정교할수록 제안서의 품질이 높아지며 EPC기업의 제안과 요구가 견고해지고 발주기업과의 협상에서 공감을 이끌어낼 확률을 높일 수 있다. EPC기업의 입찰서 분석은 체계와 전문성 토대위에 진행되어야 한다. 때로는 전문성을 보완하기 위해 입찰서 분석 시점부터 제3자의 참여를 고

려할 수 있다. 자기 판단과 해석은 발주처와 교차 확인을 통해 의사 결정의 조건과 범위를 설정하는 기준으로서 사용이 가능하다. 불확실성은 비계량적 사안들이다. 경험과 보유 자원으로 구체적인 실행 방안 수립이 불가하고 따라서 비용의 크기를 가늠할 수 없는 사안이 해당되며 일방적인 책임의 구조로 계약 진행이 되는 경우 적극적인 방어가 필요하다. 불확실성은 접근 가능한 정보의 수량과 해석의 능력과 계약 상대방과의 합의에 따라 통제와 관리가 가능한 대상이 될 수도 있으므로 신중한 분석이 필요하지만, 이러한 과정의 결과로도 해소가 되지 않는 경우 단호한 의사 결정이 가능한 구조여야 한다. 기업의 시스템은 이러한 과정에 고민을 최소화하는 방향으로 의사 결정 구조가 갖추어져 있어야 한다.

한편, 계량이 가능한 리스크 항목들은 계약 당사자 간 책임의 공유나 비용화 하는 방안으로 대안 수립이 가능한 경우이다. 리스크 항목에 대한 정확한 점검은 입찰에 참여하는 EPC기업의 신뢰도를 올릴 수 있는 유일한 방안이다. 입찰경쟁에서 선정되는 결정적인 기준이 가격과 납기 등 계량적 요소에만 집중하는 것은 계약 당사자 모두를 위험하게 하는 발상이다. EPC기업은 프로젝트 건조 전문 기업으로 발주처의 계획과 목표를 기술적으로 점검하고 책임의 균형을 찾아갈 수 있는 방안을 지속적으로 모색하는 노력이 필요하다. RFP의 불확실성이나 리스크 항목은 입찰 기간 동안 자기 분석과 발주처와의 치열한 협의를 통해 계량적 요소인지를 결정하고 계약 당사자 간 경쟁관계가 아닌 협업의 파트너로서 프로젝트 수행의 위험 수준을 낮추는 공동의 과정으로 참여하고 그에 상응하는 자세와 제안서 작성이 필요하다.

기본설계(FEED) 문건 분석

입찰서류에 포함되어 제공되는 기본설계문건을 통해 EPC기업이 기대하는 정보는 ① 발주처가 목표로 하는 프로젝트의 사양, ② 전체 프로젝트에서 요구하는 자재의 예량과 상응하는 소요 비용예측이 가능한 수준의 설계 정보, 그리고 ③ 주요 장비 목록 등이다. 또한 발주처가 프로젝트를 통해 구현하고자 하는 목표와 방향성을 확인할 수 있으며, 별개의 문서로 추가 제공되는 기술기준(Design Basis), 사양서(Specification), 도면(Drawings), 각종 계산서 및 보고서 등과 일관성 및 호환성 여부를 기준으로 검토가 필요하다. 적용이 요구되는 각종 규제와 규칙(Rule and Regulation), 어떤 산업표준(CODE)의 적용이 요구되고 있는지 등을 종합적으로 검토해야 하고 추가 반영이 필요하다면 발주처와 영향성에 대한 협의가 우선적으로 이루어져야 한다. 기술적인 분석의 사례는 다른 전문가의 영역으로 남겨두고, 기본설계문건을 분석할 때, 무엇보다 중요한 것은 확정 계약 금액(Lumpsum)을 산출하기 위해 EPC기업이 수행할 업무의 범위를 확인하고 장비 포함 필요한 자원 산정의 기준 정보로 사용함을 반복해서 적시하고 활용해야 한다는 점이다. 최근 발주처들의 공통적인 요구 사항으로 기본설계 문건의 검토를 포함하여 기술적 정합성을 확인하는 책임을 'Design Endorsement'라는 강제적 계약합의를 통해 EPC기업에게 부담을 전가하려는 경향이 뚜렷하고, 불공정 요구임에도 경쟁의 상황에서 EPC기업의 대응력은 제한적인 것이 사실이다. 장기적으로 계약 당사자 간 책임의 균형을 찾아가는 노력은 지속되어야 하지만, FEED를 기준으로 업무 범위를 정하는 과정에서 정보의 주인(Ownership)이 누구 인가와 상관없이 추가 비용이나 일정의 귀책을 따지는 기반 정보로 활용할 수 있는 전략이 필요하다. Lumpsum의 계약 조건인 경우 계약 금액을 사전 확정하기 위해 구체적인 기술 사항과 건조 방식을 기준으로 비용 분석을 진행한 결과로 계약금액이 산정되며, 그 기준에 발주처가 제공한 FEED문건이 기본정보로 사용된 것은 변하지 않는 사실이다. 따라서, 가격 산정 과정에서 자료 해석에 있어 심각한 결격사유와 일반의 관리적 의무를 위배하지 않았다면 타당성을 유지하고 제출과 검토의 관계를 기준으로 계약 당사자 간 책임 분담을 요구할 근거로 사용할 만하다. FEED 문건 분석 시 해외 설계사 등 제3자를 활용하여 객관성을 높이기도 하며 프로젝트 목표가 FEED에 반영되었는지 예상되는 물량을 산출한 근거는 무엇인지 등의 관점에서 점검될 수 있도록 주의하고 결론 도출까지 사용한 모든 가정과 기준 정보들을 상세히 확인하는 노력이 필요하다.

프로젝트 수행 계획

프로젝트 수행 계획에는 공정별 ① 수행방법, ② 필요한 기간, ③ 필요한 자원(Resource)이 함께 적시되어야 하며, 구체적이고 사실적이어야 한다. 따라서 가장 좋은 방법은 프로젝트 수행 일정을 확정하고 수행 방안에 대한 상세 기술과 증빙 서류를 추가하는 방식이다. 수행 일정을 기준으로 작성하기에 함께 수록되는 수행방안은 자연스럽게 시간 경과에 따른 공정 구분으로 표현되고 필요한 자원(Resource)과 수량을 구체적이고 실증적으로 함께 기술하여 사실감을 높여야 한다.

최종 결정까지 수많은 반복과 개정이 필요한 과정이다. 가령 설계 수행 방안은 FEED분석 → EPC기업의 설계 시스템으로 전환 → 각종 계산서 점검 및 최신 사항 추가 → 주요 장비의 용량 확정 및 장비 제조사 선정을 위한 사양서 준비 → 제조사 정보와 생산 요구 사항 반영 등의 흐름을 기준으로 지속적인 개정과 수정 작업이 반복된다. FEED 분석과 마찬가지로 실행계획을 통해 입찰 당시 프로젝트가 해결하지 못한 변수를 상수화하고 이어서 제품화하는 모든 과정에 대한 계획을 수립하고 동시에 EPC기업의 Lumpsum 가격의 기준을 제시하는 것이다. 또한 발주처의 도움이나 업무가 요구되는 사항은 정확히 표현하는 것이 바람직하다. 프로젝트 설치 국가에서 요구하는 특별한 적용 규정 등은 EPC기업보다 발주처가 획득하여 제공하는 것이 당연하고 설계에 추가 반영하는 등 후속 조치에 대한 리더십도 마찬가지이다. EPC기업의 실행계획에 프로젝트 관점에서 계약 당사자 간 업무 분장을 적시하고 수행을 위한 조건으로 명시하는 것이 필요하다. 입찰 초청서에 포함된 발주처 제공 문건에 대하여 EPC기업의 검토 결과를 QD&E의 양식에 따라 별도로 제공하지만 동일한 조건이 실행 계획에 포함되어 제출 문서 간 일관성을 유지하여야 한다. 견적 내역서 작성 시에도 포함되지 않은 항목임을 명시하여 EPC기업의 프로젝트 수행 전략에 대해 정확한 이해를 전달할 목적으로 사용하는 것이 필요하다. 견적 내역서를 작성할 때 주문주의 요청에 따라 상세 내역이 함께 첨부되도록 요구되기도 하는데, 기술 제안서는 가격 상세 내역의 나레이션 버전으로 고려하고 작성해야 한다. 이러한 시도를 통해 실행계획에 반영된 기술적 관리적 요소들이 비용으로 계량되고 견적 내역서의 보완 서류로서 업무 범위 기준을 더욱 명확히 할 수 있다.

효율적인 조직도의 개발

조직도는 기술제안서(Technical Proposal) 주요 정보 중 하나임에도 매번 비슷한 방식의 수직구조로 작성되어 프로젝트 실행 방안을 사실적으로 표현하지 못하는 면이 있다. EPC기업의 창의적인 아이디어가 필요한 부분이기도 하다. 조직도는 EPC기업이 프로젝트를 어떤 의사 결정과 협업의 구조로 진행할 것인지를 보여주는 전략적 도표이다. 따라서, 의사 결정의 과정과 조직 간 혹은 다른 업무 간 협업의 과정을 함께 묘사할 수 있어야 하고 사안별로 이해관계자의 구성을 표현할 수 있어야 한다. 조직 간 그리고 업무 분장 간 정보의 흐름을 확인하고 효율적인 배치를 통해 조직도 구성을 시도해 보아야 한다. 프로젝트 수행 전략에 따라 조직도에도 권한과 업무 범위가 영향을 받아 위치와 사용된 도표의 크기를 달리하면서 시각적인 효과를 구현해 보는 것이 필요하며, 발주처와의 소통의 과정도 함께 제시된다면 좋은 평가를 기대할 수 있다. EPC프로젝트 수행 후, 자주 거론되는 실패담(Lessons Learned) 중 하나가 소통(Communication)의 부재이다. 조직도는 프로젝트 수행 조직 내 혹은 조직 간 소통의 통로를 표현하는 수단이며 프로젝트 이해관계자들에게 공유되어 관리와 협업의 가이드 라인을 제시하는 수단이다. 조직도를 실질적이고 의미 있는 자료로 작성하는 경우 업무 프로세스 개선의 효과도 기대할 수 있으며 EPC기업의 전문성을 강조하는 자료로서 활용도가 높다. 또한 색깔 필터 등을 사용하여 높은 수준으로 사안별 이해관계자의 변화를 보여주는 방식을 사용한다면 프로젝트 관리가 조직적이고 효율적으로 모든 사안에 대응하고 있음을 반증하는 자료로 활용되며 입찰자료로서 가치를 넘어 프로젝트 수행 시 교류의 효율성을 재고하는 수단으로 사용이 가능하다.

Selling Point 선정

기술제안서(Technical Proposal)는 분량이 워낙 방대하여 자칫하면 EPC기업이 전달하고자 하는 메세지와 방향성을 간과할 수 있다. 많은 정보가 뒷받침되는 경우에는 간결하고 인상적인 요약으로 경쟁우위를 선점하기 위해 강조하고자 하는 사항(Selling Point)을 선정하는 노력이 필요하다. 기업의 강점(Selling Point)을 선정하기 위해 입찰 초청서 및 FEED 분석 자료, EPC기업의 전략 및 영업 활동을 통해 획득한 정보들을 기반으로 맞춤형 작성이 요구된다. 또한 추가 생산 설비 확충으로 생산의 효율 상승을 백분율로 예측하는 등 정량적으로 표현한다면 직관적이고 평가에도 직접적인 도움을 주는 것은 당연하고, 강화된 관리를 통해 정보 흐름을 최적화하는 등의 정성적인 사항도 충분히 가치가 있고, 조직도와 수행방안에서 일관된 세부사항으로 보충이 된다면 교차 자료로서 신뢰도를 높일 수 있다.

기업의 강점(Selling Point)은 프로젝트 수행전략 및 성장 전략과 일맥상통해야 하고 때로는 기업 내부적으로 구체적인 결정이 이

루어지지 않은 사항일지라도 동기부여를 제공하는 수단이 되기도
한다. EPC기업으로서 국내 대형 조선소의 경우, 기업의 강점으로
주로 설비를 예로 들었던 사례들이 있다. 대형 EPC프로젝트의 안정
적인 육상 건조를 위해 드라이 독 사이즈를 경쟁하기도 하고, 진수
공정 이후 프로젝트 건조의 지속성이 문제가 되던 시절에는 안벽
주변의 수심이 충분함을 강조하기도 하였으며, 육상 모듈이 대세를
이루었던 기간에는 동시에 많은 모듈 건조를 진행할 수 있는 견고
한 부지가 기업의 최대 강점으로 소개되기도 하였다. 최근에는 모
듈 대형화를 가능하게 하는 고중량 선적이 가능한 해상 크레인의
확보를 위해 경쟁을 지속하고 있기도 하다. 건조 설비와 장비는 매
력적인 기업의 강점이지만, 기존 인프라의 가치를 극대화할 수 있
는 관리와 시스템 그리고, 프로젝트를 주도적으로 실행할 수 있는
조직과 인적 구성 등의 진용을 갖출 수 있도록 추가적인 노력이 필
요하다.

　기술제안서(Technical Proposal)는 EPC기업의 가치를 표현하는
문서이다. EPC기업 내 소속 직원들 중 해당 기업에 대한 전문적인
지식과 경험이 기본적인 역량으로 요구된다. 특정 기업이 보유하고
있는 자원을 분석하고 목표 프로젝트 수행을 위해 기존의 방법과
도전이 요구되는 특이 사항을 관리와 창의적 시도로 극복하며, 주요 하
청사 및 장비 제조사의 특성까지 고려한 종합적인 설계자(Integrator)
면모를 과시해야 한다. 또한 EPC기업이 보유하고 있는 자원에 대해
자부심을 가지고 발주처의 요구사항을 구현하기 위해 필요한 수정
과 개정을 요구할 수 있어야 한다. 무엇보다 기술제안서는 견적 내
역서의 기초를 제공하며 조직과 건조 공법 적용 시 비용 관점에서

절충점을 찾을 수 있어야 한다. 또한 기존 설명자료를 그대로 첨부하여 사용하는 것을 지양하고 프로젝트 목적에 맞게 재 설계 및 편집하여 자료의 최신화를 유지하여야 한다.

조건, 예외, 대안(Qualification, Exception and Deviation)

앞서 언급한 대로, 제안서 작성은 발주기업이 제공하는 계약서 초안 및 기술 문서를 포함한 프로젝트 요구사항에 대한 검토로부터 시작된다. 모든 일이 그러하듯, 자료에 대한 이해의 정도에 따라 제안서의 품질이 결정되고 프로젝트 변수를 EPC과정을 통해 상수화하고 제품화하기 위해 경험했던 방식의 실행방안을 기준으로 제안서를 작성하는 것이 당연하다. 따라서, 초기 입찰 문서 검토 시 ① EPC기업의 경험과 역량을 초과하는 요구 사항이 확인되는 경우, ② 계약 당사자 간 책임의 균형을 맞추기 위한 경우, ③ 목표 수행을 위해 필요한 자원의 규모를 확정하기 어려운 경우, ④ 적용이 필요한 표준 혹은 요구 사항에 대한 대안 제시가 필요한 경우, ⑤ 요구조건에 대한 사전 단서가 필요한 경우 등은 별도의 목록으로 준비가 필요하다. 때로는 이해의 부족이 원인이 되어 목록에 포함시키는 경우도 있으므로, 입찰 기간 동안 발주기업과의 교신을 통해 재점검은 필수적이며, 제안서 최종 제출 시점까지 해소되지 않는다면 제안서의 보충 문서로서 해당 목록을 별도로 제출하고, 견적의 기준으로 사용한다. 제안서 조건은 특징에 따라 아래와 같이 세 가지로 구분할 수 있다.

조건(Qualification)

특정 요구사항 실행을 위해 필수적인 사전 조건과 단서를 적시하는 것으로 발주기업과의 연대 책임 혹은 계약변경(Change Order)의 기준으로 사용하기 위해 작성되는 항목이다. EPC프로젝트는 발주기업의 주관으로 입찰 시작 전 사전 준비 활동이 수년 동안 진행되는 것이 일반적이고 이를 기준으로 정보를 특정하고 구체화하며 건조의 과정을 통해 제품화하기 위해 EPC기업 선발을 위한 입찰이 진행된다. 따라서, 사전 정보의 오류나 조건의 결여는 후속으로 이어지는 EPC프로젝트 모든 실행 과정에 직접적인 영향성을 유발하는 요인이다. 발주처는 이러한 현상을 방지하기 위해 Design Endorsement 등 책임 회피 조항을 통해 발주처가 진행한 설계 및 연구 활동의 소유권을 일시적으로 EPC기업에게 이관하는 계약적 방어권을 설정하기도 한다. 하지만, 정합성 보증 없는 기술자료를 참고 자료로만 제공하고 EPC기업에게 모든 책임을 전가하는 것에 대해 동의하기 어려우며 입찰 자체를 고민하게 만드는 요소이다. 구체성이 결여된 업무 또한 마찬가지이다. Fit For Purpose와 같이 범위가 확정적이지 않고 해석에 따라 업무와 책임이 제한없이 증가할 수 있는 계약 조항은 지양하는 것이 필요하다. 입찰의 환경으로 인해 계약서 본문에서 상투적으로 사용되는 무한 책임과 관련된 계약적 용어 사용을 방어하지 못하는 경우 구체적인 업무를 기술한 부속 서류 작성 시 2차 방어를 위한 노력이 필요하다. 가격산정이 불가능한 책임과 업무에 대한 경계심이 필요하다. 또한 필수적인 준비공정과 본공정 모두가 EPC기업의 책임과 역할인 경우에도 구체성을 유지하여 어느 정도 범위를 제한하도록 조치해야 한다. 프로젝트가 수행되는 과정에서 계획된 순서의 변화가 요구되는 경우에도 계약변경 (Change Order)으로 간주하고 대응이 가능하며 준비 공정의 원인분석에 따라 전략적인 대처가 가능할 수 있다. 프로젝트 일정에 대해서도 예상되는 최선의 시나리오를 상정하여 작성되었음을 전제한다면 일정 지연이 발생하는 경우 리스크 분석에 실패한 입찰 평가자들의 동반 책임도 제기할 수 있다.

예외(Exception)

특정 요구조건의 기술적 실행 방안을 확정하지 못하거나 가격 산정이 불가한 항목에 대한 목록들을 대상으로 한다. 예외 조항은 EPC기업의 역량을 평가하는 기준으로 사용되기도 하며 경쟁사의 건조 방식과 소유 자원 구조가 비슷한 경우 해당 목록 또한 유사성을 가지게 되는 영역이다. 따라서, 목록에 포함된 수량과 대상이 비단 한 기업만의 문제로 인식하고 평가에 대한 우려를 하는 것보다 입찰서 제출 후 진행되는 대면 미팅을 통해 해당 항목들에 대한 협의의 방식에 고민과 준비가 필요하다. 불확정 요소로서 선정된 항목들은 구체적인 사례 등을 통해 이해의 깊이를 더해갈 수 있으며 미팅이나 공식적인 질의 응답을 통해 가격 산정이 가능할 정도의 구체적 설명을 요청하고 기술적 실행 방안을 함께 고민하는 기회로 유도하는 운영의 묘가 필요하다. 상황에 따라 해당 항목 실행을 위해 필요한 예산의 정보를 발주처로부터 확인할 수 있다면 도움이 되고, 이러한 과정을 통해 기본 고려사항으로 조정하거나 리스크 항목, Deviation항목 혹은 Qualification항목으로 처리할 여지가 있는지 파악하고 책임의 공유를 조성해 나가는 운영이 필요하다. 경쟁이 완료되지 않은 입찰 기간이지만 평가자와 피평가자가 아닌 협업의 파트너처럼 해당 항목에 대해 협의해 나감으로써 정성 평가에서 긍정적인 효과를 기대할 수 있다. 프로젝트 리스크를 함께 고민하고 협상 당사자 간 업무 분장을 유도하고 기술적 결론까지 합의가 진행될 수 있도록 노력하며, 과정에서 가격 판단 요소를 기준으로 구체성의 정도를 조절해 나가는 전략이 필요하다. 프로젝트가 설치될 장소에 적용되는 법령에 따라 수행이 불가능한 테스트의 요구 등이 사례일 수 있으며, 계약금액 사전 확정(Lumpsum)이 원칙인 경우에도 이러한 항목들은 합리적 가격 예상이 불가함을 사유로 계약 후 변경요구 항목으로 처리하는 것이 최선이다.

대안(Deviation)

발주기업이 특정하는 규정과 방식을 대신하여 EPC기업의 유사 실적과 경험을 기준으로 대안이 가능한 항목이 대상이며 요구조건에 대항하는 의미보다 EPC기업이 마주하고 있는 특수한 환경과 경험에 비추어 프로젝트 수행의 효율을 높이거나 가격개선에 도움을 주는 항목으로 해석될 수 있도록 일차적인 노력이 필요하다. 주관적인 판단이 개입되기도 하지만 최초 요구조건과 동일한 품질을 유지할 수 있는 대안이어야 한다. 한편, 프로젝트가 특정 표준의 인증이 요구되나 EPC기업의 경험으로 기술적인 절차와 난이도를 파악하지 못하고 결국 가격산정에 어려움이 있는 경우 발주처와의 협의 과정을 통해 조건(Qualification)항목으로 조정하여 관리를 지속할 수도 있고, 한계라 판단하고 예외(Exception)항목으로 처리하여 협상을 진행할 수도 있다. 대안을 제시할 수 있는 대표적인 항목으로 장비 제조사의 변경을 들 수 있으며 발주처가 주로 사용했던 제조사가 EPC기업의 선호도와 일치하지 않는 경우 기술적 장점에 대해 장비제조사와 공동 대응을 강구해 볼 수 있다.

예외(Exception) 항목 중 EPC기업의 입장과 발주처의 입장에서 우선순위가 다를 수 있다. 발주처의 우선순위상 포기할 수 없는 예외(Exception) 항목의 경우 기술적인 해결방안과 계약 당사자 간 책임소재를 함께 협의하는 노력이 필요하다. 치열한 입찰 경쟁의 환경으로 인해 구체적인 처리 방안 없이 철회하는 것은 계약 당사자 모두를 어렵게 만드는 상황이고, 제안서 제출 후에 발주처와 공식적으로 제안서에 대한 미팅의 기회를 활용하여 예외(Exception) 항목으로 처리할 수밖에 없는 상황과 기술적인 방안을 확보하기 위해 발주처와 긴밀한 협의를 진행해 나가도록 유도하는 것이 중요하다. 입찰이 진행 중이지만, 마치 최종 입찰자에 선정되어 프로젝트를 수행하는 과정 중에 발주처와 협의를 하는 것처럼 준비하고 발주처도 동일한 수준의 집중도를 제공할 수 있도록 유도하는 것이 중요하다. 이러한 과정을 통해 EPC기업의 공사 진행 방향성과 역량을 공유하는 수단이 되며 예외(Exception) 조항에 대한 논의 자체가 경쟁사와 비교 열위에 있는 것으로 평가된다 하더라도 협업을 통해 문제를 해결하는 EPC기업의 자세는 정성적으로 높은 평가를 받을 수 있고, 해당 사안에 대한 이해를 높이는 기회가 되고 결국 프로젝트에 대한 이해 또한 깊어지는 결과가 가능하다.

위와 같은 과정과 숙고없이 매출 달성을 목표로 예외(Exception) 항목을 철회하는 실수가 발생하지 않도록 입찰 주관부서는 유념해야 한다. 예외(Exception)항목은 프로젝트 불확실로 분류되는 항목으로 계약 당사자 간 책임 소재를 구분해야 하는 대상이며 견적 내역서의 조건으로 적시되어야 한다. 앞서 언급한대로 예외(Exception) 항목 중 일부는 협의 결과에 따라 대안(Deviation)항목으로 처리되기도 하는데 기술적인 분석과 이해의 발전으로 여겨진다. EPC기업이 QD&E를 발췌하여 목록을 작성하는 이유는 해당 사항을 제외하면 일정과 가격을 산출함에 있어 발주처의 요구조건에 따라 실행 가능함을 약속하는 것이고, EPC기업이 제출하는 제안서의 계약 조건이 되는 것이다. 따라서, QD&E는 충분한 근거와 함께 제출되어야 하고, 주요 장비 제조사 등 이해관계자의 참여도 검토의 필수 과정이다. 계약서가 EPC기업에게 불리하게 작성되었다는 평가는 보통 QD&E 제출 후 이를 처리하는 과정에서 EPC기업이 대안 없이 철회를 결정하는 경우가 해당된다. QD&E는 EPC기업 입장에서 도전적이고 실험적인 분야이며, 발주처가 입찰 전 프로젝트에 대한 사전 검토 기간 중 검토하지 못했거나 검토할 수 없었던 사항에 대한 의견 제시이기도 하다. QD&E를 통해 발주처의 기존 계획의 수준을 낮추려는 의도가 아니라 현실적인 대안을 찾아가는 또 다른 과정임을 주지시켜야 한다. 목적과 명분이 뚜렷하면 설득이 가능하고 EPC기업의 태도가 정당화되는 것이다. QD&E 준비는 EPC기업의 미래 성장 전략과도 맥을 같이 한다. EPC기업이 프로젝트 수행을 통해 수익성을 확보하고 안전과 품질이 보장되는 프로젝트 수행을 위해 역량 다변화를 목표하고 있다면 입찰 프로젝트의 실행계획에 포함시켜 발전의 동력을 다질 수 있다. 가령, 프로젝트의 건조가 완료된 후, 시운전 전문 기업을 고용하여 프로젝트의 최종 성능 확인을 요구하기도 하는데, EPC기업이 시운전 조직 육성의 목표가 있다면 대안(Deviation)의 항목으로 제안이 가능하다. 여전히 제안의 단계이고 발주처와 합의가 전제되어야 실행으로 옮길 수 있지만 EPC기업의 제안과 발주처의 요구사항 간 절충의 지점을 찾아야 한다. EPC기업이 시운전 분야의 전문그룹을 이미 내부 자원으로 확보하고 있다는 것은 발주처에게 다양한 선택을 제공하는 방안이다. 서로의 이해관계가 대립되지 않고 프로젝트를 수행할 수 있다는 매우 큰 장점이 존재한다. 주장하고자 하는 바는 QD&E는 애초에 EPC기업의 부족한 부분을 확인하기 위한 수단으로 사용되었지만 그 용도를 성장의 도구로 사용하는 발상의 전환이 필요하다는 것이다. 발상의 전환을 홍보하고 설득을 위해 EPC기업 내 모든 임직원이 고민하고 명분과 실행 전략에 집중하면 EPC기업이 부족한 부분만을 발췌하는 것이 아니라 발전의 가능성을 타진하는 수단과 도구가 될 수 있음을 주장하고자 하는 것이다. 조건(Qualification)을 제시하는 것은 프로젝트에 대한 이해가 부족한 것이 아니고, EPC기업이 보유하고 있는 자기 자원에 대한 수준 높은 이해에서 시작된 것이며, 대안(Deviation)을 제시할 수 있는 것은 발주처의 이익에는 반하고 EPC기업의 이익에는 부합하는 수단을 주장하는 것이 아니고, 프로젝트의 방향성 내에서 선택의 폭을 넓혀 주는 것이고, 예외(Exception)조항은 발주처의 요구 조건 중 할 수 없는 것을 발췌하는 것이 아니고, 높은 현실 인식을 제공하는 수단임을 이해시켜야 한다. 이상적인 바람일 수 있지만, EPC시장에서 발주처와 EPC기업

간 근본적인 인식의 변화가 있고 장기적인 안목에서 상생의 방안을
찾아야만 EPC시장이 존속하고 그동안의 행보를 이어갈 수 있다.

계약 조항(Condition of Contract)

EPC프로젝트에서는 발주처의 표준 계약서를 기반으로 EPC기
업의 검토 결과 및 조건(QD&E)을 제출하고, 최종 합의를 위해 대
면 미팅 및 협상의 과정을 거쳐 최종 계약서에 이르며, 합의된 계약
서의 개별 조항은 위험 분석과 견적 내역서의 가격 산정 기준으로
사용된다. 계약서는 계약 당사자의 권한과 책임(Right and Liability)
를 명시하고, EPC기업은 책임 이행을 조건으로 권한이 주어지는 방
식으로 전개되는 반면 발주기업은 이와 반대로 EPC기업이 수행한
책임의 결과물을 검증할 수 있는 권한이 있고, 합의된 품질이 확보
되면 EPC기업에게 계약 금액을 일정에 따라 지급할 의무(Liability)
가 발생한다. 계약서 구성은 계약 당사자 간 공통의 목표인 프로젝
트를 완성하기 위한 서사를 담고 있다. 따라서, 계약서 본문을 보기
전 목차를 통해 계약서의 구성적 특징과 더불어 EPC계약서를 하나
의 스토리 라인으로 이해하려는 노력이 필요하다. 이러한 방식을
통해 계약서를 숙독하면 협상이나 계약 관리를 수행함에 있어 서로
다른 조항들 간 맥락을 이해하고 자연스럽게 연결 지어 해석할 수
있는 능력에 도움이 된다.

발주처 간 차이는 있지만, 우선, 프로젝트 수행을 위해 계약 당
사자를 확정하고, 계약의 목적(Purpose of the Contract)과 배경, 계

약서에 사용된 특정 용어들에 대한 합의된 계약적 정의(Definition)
를 수록하고 있으며, 사전적인 의미와 구분하기 위해 대문자를 사
용하여 형식적 요건을 완성한다. 정의된 용어는 해당 계약서를 해
석함에 있어 기준과 바탕을 제공하는 장치이며, 이어서 계약 당사
자들의 책임과 권한을 기술한다. 계약 당사자는 형식적으로 구매자
(Buyer)와 판매자(Seller)의 관계이지만 일반의 상품 거래와는 달리
프로젝트 전 기간 동안 업무를 조율하고, 정보를 공유하며, 일정 대
비 성과를 확인하는 등의 협업이 일상으로 이를 위해 계약 당사자
간 해당 프로젝트 범위 내에서 유효한 교신의 방법과 권한 위임된
특정인 혹은 특정인 그룹의 권한과 한계를 명시한다. 그리고 계약
금액(Contract Price)과 계약금액집행(Payment)에 대한 절차적 그리
고 행정적 요건을 명시하고, 지급과 관련된 분쟁 혹은 지급 지연 등
관련 시나리오별 합의 결과를 포함한다. 또한 프로젝트 수행을 위
한 계약 당사자 간 역할과 책임이 상세히 기술되고 프로젝트에 적
용될 각종 규제와 관련 법령(Applicable Rule and Regulation) 및 표
준(CODE) 등을 특정한다. 계약 이행의 과정이 공유되고 보고되어
야 하는 형식과 주기를 EPC기업의 추가 의무로서 부가하고 제출된
자료와 근거에 대한 발주기업의 관리 감독 권한을 설정하며, 계약
변경(Change Order)에 대한 절차와 계약 당사자 간 권한과 책임 또
한 상세히 기술하여 절차적 하자로 인해 비효율이 발생하지 않도록
대비한다. EPC프로젝트 수행과 관련하여 전 공정에 대한 일반 사항
과 특이 사항별 계약 당사자 간 책임과 권한에 대해 빠짐없이 계약
서에 포함시키고, 수백만 페이지에 달하는 부속서류를 통해 상세
내용을 보충한다.

비밀 유지 의무나 특허 위반 책임 등 계약 기간 이후 일정기간
동안 EPC기업의 의무와 책임이 유지되는 특별한 조건도 존재하지
만, 계약기간 이내로 한정하면 건조물 및 건조와 관련된 모든 자원
의 관리와 감독(Care and Custody)에 대한 의무 주체를 기준으로 본
공정 기간 및 하자 보증 기간 등 2단계로 구분이 가능하다. 본 일정
에서 하자 보증 일정으로 이행하기 위한 과정과 절차를 합의대로
적시하고 EPC기업의 책임의 상한을 가격으로 별도 설정하는 노력
이 필요하다. 하자 보증은 절대 기간으로 설정하되 하자 수리를 위
한 수리 부속 및 보증 기간 연장에 주의하고 기간 연장에 대한 동
의가 불가피한 경우 금융보증 등 추가 부담이 동반되지 않도록 협
상이 필요하다. 하자 수리의 절차와 관련하여서는 하자에만 국한하
고 하자 처리의 주도권과 제삼자 개입에 대한 결정권을 확보할 수
있도록 노력이 필요하다. 프로젝트는 발주처와 장시간 협업의 결과
로 인도가 이루어 지며 하자 기간 동안 건조 과정에 대한 이해도가
다른 변경된 이해관계자(Counterpart)로부터 하자 수리 요청이 양산
되기도 하니 발주처 내부적으로 여과과정을 거치도록 요구해 보는
것도 방법이 될 수 있다. 분쟁 시 해소 절차 또한 기술하고 있으며,
일정 기간 자체 해결(Resolution) 노력에 대한 의무 조항은 EPC기업
에게 유리하게 사용될 여지가 있으며, 반면 제삼자 판단(Arbitration or
Mediation)을 요청하는 기회가 프로젝트 기간 중 차단되는 경우 소
송의 필요와 상관없이 EPC기업의 활동을 제약하는 요소로 인식된
다. 이 밖에도 프로젝트 수행에 필요한 각종 의사 결정이 투명하고 공
정하게 운영되고 특정인의 이익을 위해 프로젝트가 이용되지 않도록
Compliance 등의 규정을 포함하고 있다. 계약서 본문(Terms and

Conditions)에 상세히 포함하지 못하는 내용은 별도의 부속서류
(Exhibits)를 통해 보완하고 있으며, 부속서류의 내용과 부속서류의
부속서류를 포함하면 방대한 수천 건의 문서와 자료가 망라되고 있
음을 확인할 수 있고, 집합적으로 계약 문건이며 프로젝트수행을
위한 기초 자료들이다. 계약서 조건부(Terms and Conditions)를 중
심으로 EPC기업의 입장에서 협상의 경험과 주요 항목별 협상 방안
에 대해 살펴보고자 한다.

계약서 협상의 자세

　EPC기업 입장에서 프로젝트 실행 방안을 결정하거나 위험관리
가 필요한 항목에 대하여 과거 프로젝트 수행 경험을 토대로 더 좋
은 계약 조항에 합의하는 것을 목표로 할 수도 있다. 특히, 납기
(Delivery Date), 계약금액(Contract Price) 및 인도 지연에 따른 지체
보상(Liquidated Damage for late delivery) 등과 같이 숫자로 비교가
가능한 항목에서는 이해관계 차이에 더욱 집중하는 경향이 있으며,
이전 공사와의 비교를 통해 협상의 결과를 평가하려 하기도 한다.
하지만, **직관적인 성과에 몰입하는 경우 종합적인 가치 판단에 기초한
협상을 방해하는** 요소가 될 수 있다. EPC계약은 수많은 불확실성과
위험인자를 포함하고 있다. EPC입찰 단계에서 그리고 수행 단계에
서 이러한 항목들에 대해 예측하고 조치 방안을 마련하려 애를 쓰
지만, 사전 예측이 가능하고 적절한 사전 조치를 통해 방어가 가능
한 사안들은 직장인들의 실적 쌓기 위한 작위일 뿐 프로젝트 인도
후 복기 결과와 비교해 보면, 예상도 못했던 문제들이 부지 기수이

다. 예측이 가능한 사안들을 애초 불확실성으로 분류하는 것이 맞
는지 의문이기도 하다. 이런 이유로 설비와 시스템보다 더욱 중요
한 것이 개개인의 경험치와 대처 능력이고 프로젝트의 성패를 가르
는 분수령임을 주지해야 한다.

　EPC프로젝트는 시작부터 인도까지 어느 것 하나 확실히 일정
과 예산 범위 안에 수행할 수 있다고 보증할 수 있는 영역이 없다.
설계부터 인도까지 모든 일정이 서로에게 영향을 미치고 안전한 프
로젝트의 건조와 운전을 위해 작은 자재 하나 섣불리 쓸 수 없고,
이로 인해 인증된 작은 자재 하나 추가 조달을 위해 수개월간 문제
를 해결하지 못하는 경우도 허다하다. 하지만 계약서는 프로젝트수
행에 불확실성이 하나도 없는 것처럼 작성하고 있다. 계약서 초반
에 프로젝트의 배경과 목적이 기술되어 있는 분야에서도 프로젝트
가 태생적으로 보유하고 있는 불확실성에 대한 언급이 없고 EPC기
업은 그러한 배경 설명을 추가하고자 하는 노력조차 하지 않는다.
EPC프로젝트의 수행 기간이 짧게는 3년 길게는 5년 정도의 일정이
라면 발주처는 수배에 달하는 시간을 사전에 투입하여 프로젝트 유
효성을 검증하고, 어떤 설비를 설치할 지 연구하고 실증하고 개념
설계(Feasibility Study) 및 기본설계(FEED) 등을 통해 주요 시스템
및 장비의 크기를 결정한다. 실적공사의 경험을 통해 사전 준비가
철저해도 EPC 수행 기간 동안 예상치 못한 문제로 예산과 일정에
차질이 있었음을 경험했음에도, 제한된 예산과 기한 내에 프로젝트
가 완성되고 책임은 EPC기업 일방에게 있다고 주장하는 것은 기망
행위이다. 우선 EPC기업이 노력을 경주해야 하는 부분은 **EPC프로
젝트가 태생적으로 불확실성을 내포하고 있음을 인정하고 계약서에 적절**

한 문구로 반영을 해야 한다. 기본설계 전까지 발주처가 이후는 EPC 업체로 수행의 주체가 변하는 과정 또한 계약서에 반영하여 계약이 추구하는 목적물이 이미 발주처와 EPC기업 간 협업으로 진행되는 프로젝트임을 명시해야 한다.

이러한 시도가 계약 당사자 간 균형 있는 계약조건 합의를 위한 사전 초석이다. 입찰 과정이나 산업에서 주최하는 사회적 기회 등을 활용하여 EPC기업의 입장을 홍보하고 공감대가 형성될 수 있도록 지속적인 노력이 요구된다. 정부의 지원이 필요할 수도 있다. 하나의 프로젝트가 수조 원의 계약 금액을 기록하고, 프로젝트가 생산하는 부가가치가 운전 기간 동안 수십조 원에 달하고, 전 세계를 대상으로 필요한 자원을 확보하여 사용하는 거대 산업의 중심인 EPC기업의 보호를 위해 계약서에 계약 당사자 간 균형을 유지하는 것은 해당 기업만의 노력으로는 단기간에 성과를 보기가 어렵고 협회나 정부의 지원이 함께 수반되어야 한다. 또한 계약서 협상을 승부의 관점으로 평가하는 자세를 지양해야 한다. EPC계약은 물건을 사고파는 일반의 거래와 달리 계약 당사자 간 파트너십을 형성할 수 있어야 한다. 따라서, 계약서 협상 시 계약 조항별 배경을 확인하는 것에 초점을 두기 바란다. 앞서 언급한 대로 에너지회사를 대상으로 추진하는 EPC계약의 경우 그들의 계약서 템플릿을 기반으로 협상을 진행하고 과거 대비 혹은 타사 대비 특이한 계약 요구 사항이 있다면 그 이면에는 특별한 계기가 존재하기 마련이다. 가령, 모든 EPC계약서에서는 프로젝트 수행과 관련하여 몇 가지 보증을 요구한다. 하지만 발주처가 이미 지불한 건조공사대금(Payment)를 회수할 목적으로 보증을 요구하지 않는 것이 일반적이다. 왜냐

하면, EPC프로젝트는 달성율을 기준으로 공사 대금이 지급되고 계획 일정 이전에 프로젝트가 종결되는 경우에도 완성된 부분까지는 대금지급의 대상이 되기 때문이다. 협상을 진행하면서 배경을 확인해 보니, 프로젝트 완료까지 발주처의 소유권(Ownership 혹은 Title)이 확보되지 않아 지급된 대금의 보증을 요구하는 것이었고, 지급된 금액만큼 프로젝트의 소유권을 발주처에게 제공하는 것이 부담스러운 사항이 아니었으므로, 보증을 추가하는 대신 소유권 이전에 합의한 경험이 있다. 최근 계약서에는 공사 대금의 크기만큼 소유권 이전에 합의하는 것이 대수롭지 않은 항목으로, 요구 조건 자체보다 배경에 대한 이해를 통해 합의가 가능한 결론에 도달한 사례라 할 수 있다. 다른 모든 조항들도 동일하다. 과거 실적 프로젝트 대비 요구사항의 강도가 강해진 항목이 확인되면 발주처 또한 타 프로젝트로부터 학습효과(Lessons Learned)를 반영한 것이고, 그 배경과 기조를 파악하고 대응해 나간다면 협상의 전략적 성과를 거둘 수 있다. 대상 항목에 대한 이견이 좁혀지지 않고 발주처의 강경함이 고조에 이르더라도 배경과 영향성에 집중하면 정서적 공감대를 형성할 수 있다. 협상을 통해 승부를 보는 것이 아니라 양사의 입장을 이해하고 EPC기업으로서 역량을 집중할 사항들이 무엇인지 점검하는 등 신뢰를 쌓아가는 과정이라 여기고 계약서 협상에 참여하길 제안한다.

자원(Resource)에 대한 이해

계약서 협상을 위해서는 EPC기업이 프로젝트 수행을 위해 필

요로 하는 그리고 동원해야 하는 자원에 대한 정확한 이해가 기초
되어야 한다. 자원 중에는 EPC기업이 보유하고 그들의 의사 결정으
로 통제가 가능한 건조 설비와 같은 자원이 있고, 외부와의 계약을
통해 조달하거나 서비스를 받아 확보해야 하는 자원도 존재한다.
후자의 경우 상대적으로 통제가 약한 것이 사실이다. 자원관리 측
면에서 통제력 유무 및 강도에 따라 자원을 분류하고 해당 자원과
관련된 계약 조항에 대해서는 통제와 관리의 가능 정도에 따라 대
응의 수위도 달라져야 한다. 해상 설치 시 동원되는 대형 설치선
(Installation Vessel) 계약의 경우, 세계적으로 사용 가능한 설치선이
제한적이고 EPC프로젝트가 필요한 시점에 동원하기 위해서는 계약
서 작성 시, 불확실 요소를 상수로 가정하고 협상이 진행된다. 시장
상황에 따라 달라질 수 있지만, 대개 그들은 사용자보다 협상 우위
의 지위를 가지고 있다.

사용 기간에 대한 예측이 잘못되거나 계약 구조상 프로젝트가
지연되는 경우를 대비하여 사전에 사용기간을 충분히 가져갈 수 없
고, 최초 계약 이후, 동일한 계약조건으로 일정만 변경하는 것조차
그들의 일정을 고려하면 어려운 현실이다. 따라서, EPC계약의 조항
중 발주처의 편의로 프로젝트의 전부 혹은 일부를 중단(suspension)
하거나 종료(termination)할 수 있는 권한 행사 시에도 해당 서비스
가 진행되는 기간 동안에는 권한행사를 제한하는 계약서를 설계하
고 있다. 흐름 생산을 하는 EPC기업의 주요 설비에 대해서도 프로
젝트가 점유하여 건조가 진행되는 기간 동안 발주처의 권한 행사를
마찬가지로 제한하며, 불가항력(Force Majeure) 등 계약 당사자 간
계약 금액의 변경 없이 일정 연장에 합의하는 경우에도 설치선 동

원과 관련하여 발생하는 대기 비용(Demurrage) 등은 발주처의 부담
으로 진행하도록 EPC기업이 요구하고 계약서에 반영하기도 한다.
이와 같이 통제가 어려운 자원의 경우 가능한 시나리오를 상정하고
위험성관리에 대한 책임을 분담하려는 노력이 필요하고, EPC기업
이 장기적 성장 전략을 수립하는 경우에도 현존하고 반복되는 위험
성에 대한 통제력 강화 방안을 기준으로 방향성을 고려할 수 있다.
자원에 대한 이해는 프로젝트 실행계획 작성을 위해서도 필수 요소
이며, 자원에 대한 정확한 이해와 판단과 계획 없이 EPC계약서의
건강한 협상도 불가능하고, 프로젝트 수행은 더욱 어려워진다. 계약
서 협상의 근간이며 Risk 분석의 기초가 되는 자원을 어떻게 프로
젝트에 배치할 것인가 그리고, 통제력이 약한 자원을 기업의 성장
전략 관점에서 어떻게 접근할 것인가에 대한 방안이 계약서 협상을
위한 필수적인 사전 준비작업이자 주요 정보임을 주지해야 한다.

　　자원(Resource)과 관련된 계약서 항목은 Liability, Change(Variation)
Order, Payment Schedule, Force Majeure 등이 있으며, 통제력이
약한 자원의 변동성으로부터 발생하는 영향은 해당 계약 항목에서
계약 당사자 간 책임을 공유하는 방향으로 제안이 필요하다. 수주
를 위한 경쟁 입찰 중인 경우 발주처와 합의를 이끌어내기 어려울
수 있지만, 위험성 요소를 발주처와 공유하는 대가로 해당 프로젝
트를 EPC기업 내 최고 배려 사업으로 지정하는 등의 대안을 제안
할 수도 있고 다른 계약 조항과 가치 교환용으로 사용할 수도 있다.
발주처 입장에서 책임의 균형이 자칫 EPC기업의 태만 등 도덕적
해이로 이어지는 것을 우려할 수 있으며 이에 대한 대응은 기업의
상황에 따라 고민이 필요한 문제로 남겨두고자 한다. 계약의 공정

성을 기반으로 제기된 요구 사항은 그 자체로 명분과 정당성을 확보하고 있으므로 EPC기업의 과거 사례 등을 토대로 프로젝트의 모든 불확실성이 EPC기업만의 책임으로 합의되지 않도록 노력이 필요하다.

계약서 주요 항목

계약서는 본문과 부속서류 어느 하나 중요하지 않은 것이 없다. 계약 문서의 모든 조항은 Technical, Contractual And Commercial 영향성을 내포하고 있으며, EPC계약에서 공통적으로 사용되는 항목들에 대한 이해와 항목별 협상 전략에 대해 살펴보자.

1) 선수금 및 선수금 보증(Advance Payment and AP Bond)

EPC계약은 프로젝트기간 동안 재무적으로 현금 입출입이 균형(Neutral Cash Flow)을 이루는 것에 목표를 두며, 계약 당사자 간 의견차가 크지 않은 조항이기도 하다. 일정 진도가 확인되면 EPC기업은 약속된 대금을 청구할 권한이 발생하고 결과로 인보이스를 발행하며 행정 처리를 위한 기간 경과 후 대금이 지급되는 구조이다. 또한 프로젝트가 의미 있는 공정을 발생시키기 위해 자본의 투입이 이루어지는 시점은 발주처로부터 대금을 지급받는 시점보다 항상 선행하는 것이 현실이다. 대금 지급까지 소요되는 행정적인 시간까지 고려하면, 프로젝트 내 현금 입출입의 시차가 발생하여 회계상 단기적으로 부족분이 반복해서 발생하기 마련이다. EPC기업 내 다수의 프로젝트가 동시에 진행되는 경우 회사의 유보금과 함께 통합적인 자금 운영을 집행하여 특정 프로젝트에서 발생하는 수입과 지

출의 시간차에 대응하고 관리할 여력이 존재하지만, EPC계약을 실
행함에 있어 프로젝트 전 기간 동안 현금 유입과 지출간 시차 없이
균형을 유지하는 것이 보다 안전하다. 현금 입출입 간 시차가 길어
지면 단기간 현금 부족분을 메우기 위해 금융기관 대출을 사용하기
도 한다. 이자 비용은 필수적으로 발생하는 금융 부담이며, 혹시라
도 현금 과잉이 발생하는 경우 환율 리스크 등에 대한 노출, 기업의
상황에 따라 전용의 위험도 존재한다. 이러한 위험 요소를 방어하
기 위해 수입과 지출간 예상 곡선을 작성하여 차이를 미리 확인하
고 프로젝트 전 기간 동안 현금 수지의 균형을 확보하는 방안으로
선수금 지급 규모를 결정한다. 의미 있는 공정 발생 전에 지급되는
대금이므로 선수금(Advance Payment)이라 칭하고 발주처 입장에서
는 대출과 마찬가지로 취급하여 담보 성격의 지급 보증을 요구하기
도 하고 이후 지급되는 대금에서 일정 부분 유보(Payment Retention)
하는 등의 상업적 장치를 사용하기도 하며 경우에 따라서 두 장치
모두 사용하는 복수 보증이 요구되기도 한다.

　　선수금 지급 보증은 1급 지정 은행을 통해 발행되는 발주기업
을 수혜자로 지정하는 채권증서로서, 은행과 EPC기업 모두에게 회
계상 채무의 부담을 유발하는 장치이다. 일반적으로 선수금 총액을
대상으로 한다. 선수금 액수는 합의 사항이나 프로젝트에 따라 수
천억 이상이 되기도 하고 수혜자인 발주처의 요구(On demand)에
따라 조건 없이 지급되는 보증으로 프로젝트 수행 기간 동안 EPC
기업의 협상력을 약화시키는 장치로 간주된다.

　　보증을 요구한다는 점에서 일반적인 자금 대출과 유사하고, 대
출 이자를 별도 지급하지 않고 결국 발주처의 프로젝트 완성을 통

해 상환한다는 측면에서 프로젝트 파이낸싱과 유사성이 있다. 상환 방식은 프로젝트 기간 내 지급되는 정상적인 대금 지급 중 일부를 상환액으로 설정하여 미리 정산하는 방식이며 상환 기간이 프로젝트와 연동되어 있다는 특징이 있다. 따라서 계획된 완료 일정 이전에 프로젝트 종료(Termination)가 발생하는 경우 미상환 잔여 금액의 만기도 함께 도래한다. EPC기업 입장에서 선수금을 통해 이자 없이 프로젝트 수행 자금을 확보할 수 있다는 장점이 있으나, 보증의 방식과 규모에 대해서는 이견의 여지가 있다. 재화나 서비스 공급전에 지급되는 성격이나 실질적으로 계약이행 보증 발행, 설계하청사 계약, 프로젝트 수행 조직 및 인원 구성 완료, 프로젝트 수행 계획 작성 및 제출 등 의미 있는 진도를 이미 시작한 상태이므로 대금 지급 요청을 할 수 있는 자격 요건을 갖추었다고 할 수 있다.

지급 보증의 규모도 상환금액을 실시간 반영하는 노력이 필요하다. 은행을 통해 보증서를 매번 재발행하는 것은 행정력 낭비 요소가 있으니 대안으로 발주처의 요구불 가용 총액의 변동을 고지하는 약식의 방식을 적용하는 것을 고려해 볼 수 있다. 또한 은행을 통한 지급 보증 대신 에스크로(Escrow) 계좌를 개설하여 선수금을 예치해 두고 EPC기업이 프로젝트 수행을 위해 비용 증빙 제출 후 해당 금액만큼 인출해 사용하는 방식을 적용한다면 보증으로 인한 부담도 감소하고 발주처가 협상을 위해 보증을 악용하는 사례도 예방할 수 있다. 프로젝트를 수행하면서 EPC기업은 관리 대상을 최소화하는 노력이 필요하며 이해관계자의 숫자도 관리의 대상이다. 지급이 당연한 계약금액이 조기 집행으로 인해 채무의 성격으로 일정 기간 유지되는 부담을 줄일 수 있는 방안을 협의의 항목으로 제안하고 개선하는 노력이 필요하다.

2) 이행보증(Performance Guarantee)

이행 보증은 발주처와 EPC기업 간 계약 서명한 프로젝트 계약의 종속되며 계약 당사자(Underlying Contract Signing Parties) 외에 보증을 제공하는 금융기관이 포함되는 3자 간 금융계약이다. EPC기업의 계약적 의무와 책임의 불이행 시, 발주기업이 직면하는 피해의 일정 부분을 현금으로 담보해 주는 도구이며, 지급을 위해 특정 조건을 적시하는 조건형 채권(Conditional Bond)과 수혜자의 지급 요청에 따라 즉시 지급하는 요구불 채권(On-demand Bond) 등으로 구분되나 에너지 분야에서는 대부분 후자의 형식이 통용된다. 보증 은행은 수혜자의 요구에 대응하여 설정된 보증 금액 한도 내에서 지급의 의무가 발생하며 이행 보증의 의무 수행자인 EPC기업을 대상으로 구상권을 행사하는 구조로 설계된다. 이행 보증(Performance Guarantee)은 매우 악의적인 장치라 여기고 있다. 개인의 생각이지만 향후 EPC기업이 이행 보증에 대해 부당함을 제기하고 최소한 계약 당사자 간 책임의 균형이 이루어지는 것을 담보로 동의할 수 있는 조항임에 인식을 같이 했으면 하는 바람이다. 우선, 이행 보증을 유발하는 원인에 대해 객관적 증명이 어렵고, 이행 보증 요구를 계약 이행 과정에서 발생하는 계약 당사자 간 분쟁이나 이견을 해결하기 위한 도구로서 악용할 개연성을 무시할 수 없다.

EPC기업은 재정적 어려움이 가중되어 발주처가 제기하는 주장에 대한 방어권을 행사하기보다 일정 부분 손해를 감수하며 타협과 절충안에 합의할 확률이 크다. 만일 EPC기업이 계약 이행과 관련하여 하자가 있다고 발주처가 판단하는 경우, EPC기업의 신의 성실 의무 유지, 성능에 미치는 영향성 등의 고려 없이 융통성 없는 기준 적용, 처벌 조항 사용, 제삼자를 통한 문제 해결 및 비용 청구 등 다양한 권한으로 EPC기업의 부담을 증가시킬 수 있다. 발주처의 권한 행사로 인한 EPC기업의 자기 주도적 프로젝트 실행의 권한이 훼손되고 과점시장의 고질적 특성을 그대로 보여주는 주요 장비 업체에 대한 약한 통제권 등 EPC기업에게 계약 금액 이상의 책임이 발생하는 환경임에도 계약 개시부터 이행 보증과 같은 계약 조건으로 협상력 측면에서 더욱 취약한 입지가 만들어진다. 이 밖에도 Liquidated Damage를 EPC기업의 다양한 책임과 연동시켜 발주처는 손해 입증에 대한 책임 없이 징벌적 손해 배상을 청구하기도 한다. 특히 납기 지연에 부과되는 Liquidated Damage 조항의 경우 발주처의 확인되지 않은 미래 손실에 대한 배상과 동시에 납기 지연을 최소화시키기 위해 더 많은 자원의 투입이 요구되는 등 EPC기업에게는 수지를 악화시키는 요인이 배로 발생하는 대표적인 사례라 할 수 있다.

계약서마다 차이가 있을 수 있지만, 프로젝트 수행에 대한 책임이 대부분 EPC기업에게 주어지고, 자원의 추가 투입이나 임기응변의 관리력으로 해결할 수 없는 다양한 사안들이 산재해 있음에도 발주처는 계약서에서 보장하는 다양한 권리를 사용하여 EPC기업에게 부담을 가중하는 방식으로 자신들의 최선을 과시하곤 한다. 이행보증(Performance Guarantee)은 앞서 언급한 발주처의 관리 장치보다 적용의 범위가 광범위하고 그 규모가 크다고 할 수 있다. EPC 계약은 계약 당사자 모두에게 도전적인 과제이고 계획대로 프로젝트를 수행하기 위해 계약 당사자 간 책임의 균형을 기반으로 협업이 필요한 업무이다. 그런 점에서 이행보증은 그 규모와 적용의 범위, 운영 방식 등에서 재고가 필요하고, EPC기업 입장에서 비슷한 조건의 대금지급 보증(Payment Guarantee)의 설정을 요구하거나, 계약 당사자 모두 해당 보증의 제공 없이 계약서에 합의하는 등의 노력과 요구가 필요하다.

EPC기업이 Performance Guarantee 조항 없는 EPC계약을 요구하는 경우, EPC기업의 Due Diligence Issue를 제기할 수 있지만, 발주처가 계약적으로 사용할 수 있는 다른 조항들로 인해 EPC기업이 의도적인 지연 행위를 상상하기 어렵다. 기존과 같이 이행보증이 유지되는 EPC계약의 경우, 우선 보증의 성격을 정리할 필요가 있다. 보증은 보험이 아니다. 보험의 경우에도 수혜자는 서류를 통해 증빙의 의무가 발생하지만, 이행 보증의 경우 요구불로 집행되는 성격을 새로이 규정해야 한다. 이행 보증은 이행을 담보하는 것이 타당하다. 따라서 보증인은 수혜자(발주기업)의 피해를 보상하는 것에 앞서 보증 제공자(EPC기업)의 이행의지와 기술적 한계를 확인하는 절차가 우선되어야 한다. 이행을 보증하는 것이 우선이고 피해 보상은 부수적인 것으로 본연의 목적대로 운영되어야 한다. 또한 이행 보증은 보증 제공자의 계약 이행을 위해 발생한 채무변제에 사용이 가능해야 한다. 예를 들어, 특정 장비의 입고 및 설치가 완료되었음에도 장비제조사에 지급할 조달 대금이 채무로 남아 있고 동시에 발주처의 권리 행사로 이행 보증금 인출이 개시된 경우 발주처의 증명되지 않은 미래 피해에 대한 보상보다 먼저 프로젝트를 위한 비용 충당을 위해 사용될 수 있도록 기술적 합의가 요구된다. 보증 규모 또한 주요 사항으로, 계약 금액의 특정 비율로 혹은 특정 금액을 설정하여 설계하기도 한다. EPC기업 입장에서는 변동성을 줄이기 위해 금액을 최소한으로 특정하는 것이 목표일 것이나, 과거 계약금액의 상당 부분까지 이행 보증을 제공한 경험도 있어 이행보증에 대한 행사 확률이 크지 않더라도 회계적으로 해당 금액만큼 충당금을 확보해야 하는 부담 등을 고려해 볼 때, 이행보증 규모에 대한 확실한 협상전략과 목표금액이 필요하다. 또한 계약 금액과 비례하여 설정하는 경우 프로젝트 기간 동안 발생하는 계약변경(Change Order) 등으로 인해 계약금액의 변화가 발생하는 경우 이행보증을 재발행해야 하는 행정적 수고가 동반되므로 이러한 불편함을 예방하기 위해 계약 금액과 비례하여 연동하는 경우에도 최대 금액을 추가로 설정하는 방안을 제안해 볼 수 있으며, 이행보증 포함 모든 페널티 조항의 총 규모가 해당 프로젝트의 예상 영업이익을 넘지 않는 수준으로 관리될 수 있도록 전략과 준비가 필요하다.

3) 의무와 책임(Liability)

EPC계약에서 업무범위는 프로젝트의 설계(Engineering), 조달(Procurement), 건조(Construction) 등이며, 건조는 프로젝트 인도 시까지 필요한 검사, 시운전 등을 포함한다. 계약 협상 시, 계약 목적물에 대한 수준 높은 이해와 EPC기업이 보유하고 있는 역량과 한계에 대한 기술적 그리고 관리적 직시가 있어야 한다. 익숙한 것과 알고 있는 것에 대한 차이를 인식하고 계약 목적물이 완성되기까지 필요한 리소스의 투입과 동원 방법에 대한 정량적 분석이 있어야

EPC기업의 계약적 책임을 설계할 수 있고 정확한 가격 산출이 가능하다. Liability는 사전적인 의미 그대로 회계상 부채에 해당하며 동시에 법적 책임을 뜻한다. EPC기업이 계약 당사자로 선정되면, 계약 목적물을 기한 내에 인도할 부채가 발생하며, 필요한 리소스의 투입과 기술력 및 관리력을 동원하여 프로젝트 수행을 통해 목적물을 완성하고 인도함으로써 탕감에 이르고 과정과 결과에 책임이 수반되는 등 당연한 흐름으로 보이지만 상세한 과정은 방향성만 설정할 수 있고 구체적인 특정이 불가능한 상태로 가격과 기간을 합의하는 모순이 존재한다. **부채의 규모는 직관적이고 명시적이나 탕감의 방법은 모호하고 일반적인 언어로 구성되어 있다.** Liability의 약점이 존재하는 부분이며 이러한 현상은 더욱 심화되어 가고 있다. EPC기업의 책임 범위를 열어 놓기 위해 대표적인 수사가 without limitation, fit for purpose, but not limited to와 같은 사례이다. Liability 조항에 대한 협의 및 협상 시 수사는 제한하고 구체적이고 실증적인 방안을 적시하여야 한다. 또한 발주처와 공동의 프로젝트로서 책임을 공유하는 구조로 설계가 필요하며, EPC기업 간 공동의 대응을 모색하여 장기적으로 계약 당사자 간 책임의 균형을 이룰 수 있어야 비로소 가격의 적정성까지 도모할 수 있다.

(1) Liability의 시기별 대응

우선, 계약 실행이 진행됨에 따라 EPC기업의 Liability는 역할과 책임이 달라짐에 유의하여야 한다. 단순하게 보면, 계약개시~계약인도, 계약인도~하자보증, 하자 보증 종료 이후 등으로 구분할 수 있다.

① **계약개시~계약인도:** 계약자인 EPC기업은 On－Duty 상태로 계획수립, 필요자원 조달, 그리고, 실행과 검증의 과정을 거쳐 목적물 인도를 완수하고, 대가로 약속된 계약 금액을 모두 획득하는 기간이다. 프로젝트의 소유권(Title)은 조건에 따라 달라질 수 있지만, 프로젝트를 관리하고 보호해야 할 의무와 책임이 계약자에게 부여되며, EPC계약의 취지에 따라 계약 수행의 독립성을 확보하고 업무 범위를 특정하는 것이 중요하다. 계약 인도 시, 법적으로 계약 목적물이 자산 등록이 가능한 실물자산이 만들어지는 과정이며, EPC기업이 제공한 보증과 담보의 유효성이 유지되는 상태이다.

② **계약인도~하자보증:** 계약자인 EPC기업은 On－Call 상태로 전환되며, 프로젝트 관리 및 보호의 의무도 발주처의 책임으로 계약상 책임주체가 더이상 변경되지 않는 단계로 하자 문제가 발생하여도 책임의 소재와 원인 규명이 발주처와 혼재되어 있는 기간으로, 이 시기에는 EPC기업의 위험(Risk) 관리 수준 또한 현저히 낮아지며, 회계상으로도 보증 기간 동안 하자 보수 충담금을 설정하여 만일에 대비한다.

③ **하차 보증 완료 후:** EPC기업의 프로젝트 수행과 관련된 Liability가 100% 해소되며 기업 간 보안 유지 의무, 프로젝트에 적용된 지적 재산권의 책임 의무 등이 계약 당사자 간 동일하게 유지되나 건전한 기업 활동 하에서 자원 투입이 필요한 위험 요소는 존재하지 않으며, 회계상으로도 손

익 결산 후 계정을 마감하는 시기이다.

시기별 EPC기업의 Liability는 차이와 특징이 있으며, 관리적 그리고 기술적 리스크에 대한 대비의 수준도 달라짐을 구분하여 협의하고 알맞은 Liability 범위를 특정하는 것이 필요하다. 이외에 Guarantees and Warranties 조항을 통해 보증이 요구되는 항목들을 구체화하며 책임의 범위를 특정한다. 일반적으로 Guarantees와 Warranties는 동일한 무게와 가치를 제공하나, 계약서 작성 시, Guarantee 항목은 계약 인도 시까지 제공하는 서비스에 적용하고 Warranties는 계약 인도 후 하자 보증 종료까지 제공하는 서비스에 적용되도록 분리하여 사용함으로 확대 해석의 여지를 줄여나가는 노력이 필요하다. 두 항목이 하나의 조항으로 시기의 구분 없이 합의되는 경우 절차와 적용 대상을 선정함에 있어 EPC기업의 부담이 가중되는 방향으로 사용될 수 있으며, 대상 항목의 원인 분석과 대응 방안에 대하여 Guarantee에 대해서는 EPC기업이 입증의 책임이 있다. Warranty는 발주처(혹은 운영자)에게 입증의 책임이 있음을 적시하는 것이 중요하다. 발주처와 공동으로 진행하는 프로젝트 이므로 Guarantee와 Warranty 모두 책임의 한도를 현금가치로 적용할 수 있도록 합의하는 것이 필요하다.

(2) Design (FEED) Endorsement

산업에서 추구하는 EPC-Lumpsum 프로젝트의 기본정신은 자격 있는 EPC기업의 자유재량과 기술을 독립적으로 발휘하여 프로젝트를 수행하는 것이나 현실에서는 전혀 다른 현상이 벌어진다. EPC기업의 독립성이 훼손될 만큼 발주처의 개입이 자유롭고 발주처의 의도와 계획을 구체적으로 반영하기 위해 EPC기업을 이용한다는 말이 과언이 아닐 정도로 지불하는 가격 이상의 영향력을 행사함에도 문제점에 대한 해결은 EPC기업에게만 전가하고 있는 것이 현실이며, 숨은 결점(Latent Defect)과 같이 기존의 관리 방식으로 확인할 수 없는 문제점들까지도 EPC기업의 책임으로 범위를 넓혀 가고 있는 추세이다.

계약자 간 이해관계가 첨예하게 대립되는 대표적인 Liability 항목은 입찰 시작 수년 전부터 발주처가 수행하는 기본설계(FEED) 결과물에 대한 책임 소재이다. 본 결과물은 입찰 서류의 일부로써 프로젝트 목적물을 대변하는 기술 자료이며, EPC기업의 입찰용 가격 예측의 기반 자료이기도 하다. 그럼에도 FEED Endorsement라는 명목으로 제3자가 수행하고 발주처가 승인한 기본설계(FEED) 문건에 대해 EPC업체가 수행한 설계의 결과물과 같은 수준의 책임을 요구하고 있다. 경쟁 입찰로 인해 EPC프로젝트가 안고 있는 불확실성을 포함하여 계약서에 합의를 하고 있지만, FEED 문건에 대한 책임 소재는 필사적 대응이 요구되는 분야이다. 사전 검토(FEED Verification) 기간이 주어지기도 하고, EPC기업이 전문 설계사를 동원하여 FEED문건의 정확성을 평가하기도 한다. 하지만, 여전히 불확실성을 해소하기에는 턱없이 부족한 상황이며, 정보 생산자가 정보 수여자에게 정보의 품질까지 보증하라는 요구는 공정 비즈니스에 역행하는 산업의 관행이라 할 수 있다. EPC기업이 상세설계 기간 발주처의 승인과 동의 하에 수정과 보완이 이루어지고, 변수를 상수화 하는 과정으로 건조가 가능할 정도의 상세함을 완성하는 기간으로 FEED를 통해 설정한 기술적 제한선을 벗어나는 경우 EPC 기업에게 책임을 물을 수 없어야 한다. 아래 사항은 발주처의 보증과 책임이 필요한 최소한의 사례이다.

① **전체중량**: FEED에서 추정한 최대 중량(Weight Contingency)을 초과하는 경우

② **배관**: 직경 6인치(inch) 이상 배관에 대한 설계 변경이 필요한 경우

③ **전기**: 운영에 요구되는 전기 소모 요구량이 증가하는 경우

④ **배치**: 장비/자재 배치 면적이 10% 이상 증가하는 경우

⑤ **기계**: 기계 장비의 사양 변경이나 제조사 사정에 따라 중량과 배치 등 영향이 발생하는 경우

⑥ **Process**: 프로젝트의 최종 성능을 위해 추가로 요구되는 기술적 장치 혹은 시스템

입찰이 진행되는 동안 경쟁의 환경 하에서 위와 같은 책임의 균형을 합의하는 것에 실패할 수도 있지만, 최대한 사안을 세분화하고 시점을 미루고, EPC기업의 입장을 설명해 나가는 노력이 필요하다.

(3) 숨은 하자(Latent Defect)에 대한 대응

하자(Defect)는 발현되는 시점에 따라 Patent Defect(검사와 시운전을 통해 즉각적 발현)와 Latent Defect(장기간 운전 시 피로 누적 등의 이유로 기대 시간을 충족하지 못하고 발현)으로 구분할 수 있으며, Patent Defect는 Guarantees and Warranties 조항에서 시기별로 구체적인 처리 방안에 대한 합의의 기준이 어느 정도 확보되어 있는 반면, Latent Defect는 EPC기업의 책임 유지 기간과 한계를 설정함에 있어 각별한 주의가 필요하다. 장비 제조사 등 제3자 책임과 관련이 있는 경우, 최소한 해당 조달 계약서에 동일한 책임이 흘러갈 수 있는 구조이어야 한다. EPC기업은 건조자 및 시스템 Integrator로서 신의 성실 의무가 존재하고 완벽을 추구하지만 완벽 그 자체일 수는 없다. 조달 계약을 통해 가능한 조치 방안이 확보되는 경우에도 장비의 선정과 설계 등 초기부터 협업의 형태로 의사결정이 이루어진 배경을 고려하여 프로젝트 수행기간에도 문제해결을 위한 적극적인 파트너로서 책임을 다하고, 하자 보증 이후에는 Extended Warranties와 같은 유료 서비스를 제안하여 조사와 조치를 공동 대응하는 등의 방안이 적절함을 설득해 나가야 한다. EPC기업이 조달 포함 구성된 모든 장비와 자원에 대한 Latent Defect까지 책임의 주체가 되도록 요구하는 것은 산업의 특성을 무시한 처사임을 지적하는 노력이 필요하다.

(4) 발주처의 대응 양식(Response Protocol)

EPC공사는 예외 없이 적기 인도(Time is of essence)가 매우 중요한 사항이다. 의사 결정에 있어 적기 인도와 배치되는 요구 조건

이 있다면 기계적으로 적기 인도를 선택하라는 규칙을 제공하는 것
과 동일하다. 적기 인도의 요구 조건은 EPC기업의 의무 조항이지만
이면에는 인도 일정에 대한 발주처의 절실함이 포함되어 있는 것임
에도 발주처의 책임과 행동 양식에는 거리가 먼 조항들이 다수 존
재한다. EPC기업이 생산해 내는 모든 문건과 도면의 검토 기간, 검
사 등의 사전 고지 요구, 대금 지급을 위한 소요 기간 등이 여기에
해당한다. 발주처가 기업 내 표준으로 보유하고 있는 모든 행정 체
계는 그대로 유지하면서 EPC기업의 책임만 강화되는 요구는 이중
잣대가 적용되는 것이나 EPC기업도 개선조차 요구하지 않는다. 발
주처가 설정한 프로젝트 요구 조건을 만족하기 위해 발주처의 노력
과 개선이 필요한 부분이 있다면 논리적 연관성을 다듬어 꾸준히
제안하는 노력이 필요하다.

(5) 주요 장비 제조사 관리에 대한 협업 관계 구축

장비 조달은 중요한 항목이고 가장 많은 비용을 투입하는 분야
임에도 불구하고 계약서상 품질관리, 장비 제조사 관리, 정보 관리,
선정 절차, 검사 등 일반적인 사항만이 적시되어 있다. 주요 장비
제조사의 경우, EPC기업보다 규모나 매출 면에서 수배에 달하고,
시장 지배력 측면에서 EPC기업을 압도하기도 하여 매수자의 권리
는 고사하고 EPC기업에게 추가 부담을 유발하는 원인이 되기도 한
다. 그럼에도 상식적인 매수자의 권리행사가 가능하고 매수자의 필
요에 따라 영향력을 미칠 수 있다는 것을 전제로 계약서를 작성하
고 프로젝트를 수행하는 것은 시작부터 첫 단추를 잘못 꿰는 것과
마찬가지이다. 따라서 제조사 관련 사항에 대해서는 발주처와 책임

을 나눌 수 있는 환경을 목표로 계약 협상을 진행하고, 조달 계약 시 EPC프로젝트 수행을 위해 상호 보완적인 관계가 형성되는 것을 목표로 협상이 이루어 져야 한다. 앞서 언급한 대로 발주처는 입찰 시작 전 FEED를 수행하며 Historical Vendor Data라 칭하는 자신들의 데이터 베이스를 활용하는 것이 보통이다. 동시에 사용하는 기술 정보의 정합성을 판단하기 위해 직접 장비제조사와 협업을 진행하며 FEED의 품질을 높이기 마련이다. 이러한 이유로 때로는 EPC기업보다 장비제조사가 입찰 정보 취득에 있어 유리한 입장에 위치하고 EPC프로젝트 상·하청의 입장에 있음에도 정보 제공자로 활동하는 근거가 되는 이유이다.

입찰이 시작되면 특정 장비제조사를 동원해야 하는 요구조건이 적시되기도 하지만, 보통은 Design Endorsement와 함께 발주처와 장비제조사 간 의미 있는 교신의 내용은 공유되지 않는 것이 현실이다. 이러한 환경에서 EPC기업이 발주처와 계약 협상을 진행하는 동안 가장 염두에 두어야 할 사항 또한 책임에 대한 균형을 확보하는 것이다. FEED에 이미 반영된 특정 장비제조사가 있음에도 EPC기업이 제조사에 대한 취사 선택의 권한이 있는 것으로 계약서를 반영하는 것은 현실적이지 못하며, FEED 기간 동안 특정 장비제조사와의 협의 과정 일체를 선정된 EPC기업이 접근할 수 있도록 요구하고 추가로 상세설계 활동에 사용할 수 있는 의미 있는 기술적 교류 사항은 인수인계 등 공식 적인 절차를 통해 정보 전달이 필요하다. 이런 활동이 장비 제조사를 선정함에 있어 경쟁 입찰 대비 통제력이 약해지는 단점이 크다고 인식될 수 있지만, 특정 장비제조사의 경우 통제보다 교류의 방식으로 접근하는 것이 바람직하다.

특히, 발주처가 Historical Vendor Data의 최신화 목적으로 해당 장비제조사와 교신을 진행한 것이라면 발주처가 운영하는 다른 프로젝트에서도 동일 제조사를 꾸준히 사용한 것의 반증이고 사업적 그리고 관리적 차원에서 발주처의 우선순위가 있음을 의미한다. 경쟁 입찰을 통해 제조사들이 제출한 제안서를 기반으로 가격과 업무 범위를 검증하고 계약적 책임을 협의하는 것은 당연한 일이지만 EPC산업에서 특정 장비 선정을 위한 입찰 활동은 오히려 소모적인 측면이 강하다. 오히려 FEED 기간 발생했던 기술적 교류가 EPC계약을 통해 구현될 수 있는 환경으로 유도하는 것이 바람직하며 이를 위해 발주처에서 EPC기업으로 자연스럽게 계약 상대가 전환되는 것으로 EPC계약 협의 시 합의를 이끌어 내야 한다. 발주처가 EPC계약 이후에도 특정 장비 제조사와 계약적 관계를 계속 유지하는 OFE(발주처 공급품)항목으로 지정하거나 EPC기업에게 기존 권리와 의무를 승계하는 Novation 혹은 특정 제조사를 사용하도록 요구하는 Assignment 등 공식적인 절차가 마련된다면 EPC기업 입장에서 발주처와 책임을 공유할 수 있는 근거가 만들어 지기도 하며, 그런 경우가 아니더라도 장비 제조사와의 장비 계약에 있어 발주처와 역할 분담 환경을 조성하는 것이 중요하다. 발주처 입장에서도 EPC기업이 가장 많은 예산을 투입하는 항목이고 다자간 이해관계가 얽혀 있어 인터페이스 관리가 무엇보다 중요하다는 것에 동의하는 분야이고, 설계와 건조에 지대한 영향을 미치는 항목임에도 EPC 계약서를 협상함에 있어 지면 할애가 많지 않은 것에 공감대를 이룰 수 있다. 일방의 계약 당사자가 무한 책임을 지고 프로젝트를 수행하는 것이 성공적 수행을 위한 올바른 선택인지 고민이 필요하며

EPC기업이 먼저 화두를 던지고 산업이 함께 고민할 수 있도록 동력을 제공해야 한다. 또한 주요 장비 제조사가 차지하는 시장 지배력을 고려하여, 장비제조사의 공급 지연과 Latent Defect 등 주요 사안 처리 방안에 대해서 EPC기업에게 모든 책임이 전가되는 계약 조항에 대하여 방어가 필요하다. FEED기간 동안 발주처와 제조사 간 교신 사항을 기반으로 EPC프로젝트가 수행됨을 계약서 전문 등에 추가하고, 장비 공급의 일정과 품질에 영향을 주는 어떠한 사안들도 불가항력(Force Majeure) 등으로 구분하여 EPC일정에 미치는 영향성에서 EPC기업의 책임을 합리적으로 제한할 수 있도록 노력이 필요하다. 계약 협상은 계약 당사자 간 승패를 결정짓는 스포츠가 아니다. 계약이 지향하는 목표 달성을 위해 이해관계자 간 사유와 명분의 뒷받침으로 업무 분장이 이루어 져야 한다. EPC기업 입장에서 주요 장비의 공급이 늦어지는 경우 전체 일정에 차질을 빚을 뿐 아니라 건조 방식의 변경도 고려해야 한다.

EPC기업은 상상할 수 없는 규모의 생산 설비를 보유하고 있으며, 프로젝트가 필요한 생산 설비를 거치면서 완성하는 일종의 흐름 생산 형태로 프로젝트를 수행한다. EPC기업의 건조 현장 안에서 다수의 프로젝트가 동시에 수행되는 경우 생산 설비의 효율적 활용을 위해 일단위의 생산 계획을 구현해 내는데 주요 장비 업체의 공급 지연이 발생하는 경우 막연히 건조 일정을 지연시키며 대기할 수 없고. 흐름에 따라 건조 활동을 지속하는 결정이 이루어지며, 결과로 효율저하와 추가 비용을 감수하면서 계획대비 어려운 환경에서 설치를 실행해야 하는 일들이 발생한다. 이러한 설명과 더불어 최소한 일정 지연에 대한 책임에 대해서 EPC기업의 부담을 줄여주는 방안을 제안해 본다면 기존 계약 대비 개선된 계약 조건을 요청할 수 있는 것이다. 계약자의 건조 방식을 토대로 입장을 설명하고 발생 가능한 문제점에 대해 현실적인 대안과 균형 잡힌 책임을 요청하는 지혜가 필요하며, 장비 제조사의 선택부터 발주처의 선호도가 적용된 배경을 고려하면 긍정적인 협의가 가능한 부분이다. 그리고, 과거 주요 장비 공급업체와의 조달 계약을 유심히 살펴 EPC 계약과 장비조달 계약 간 일관성을 확보하고 불균형이 전체 프로젝트에 미치는 영향성을 정량적으로 평가해 보는 노력이 필요하며, 이런 노력이 EPC계약 및 조달 계약 모두 개선되는 방향으로 사용될 수 있도록 전사적 노력이 수반되어야 한다.

(6) 건조의 독립성 유지

건조는 EPC기업의 자율성이 확보되는 분야이기도 하고, 선행적으로 발생하는 설계와 조달의 일정에 종속된 분야이기도 하다. 특히 대한민국 EPC기업은 해당 산업이 프로젝트 관리, 위험과 돌발 관리의 산업으로 속성을 파악하지 못하고 선박건조와 마찬가지로 기술 기반의 건조산업으로 이해했는지 모르겠다. 산업의 정체성에 대한 이해가 없었다 하더라도 선박 건조와 같은 맥락에서 프로젝트를 수행하고, 모듈건조 방식 등 선박 건조와의 유사성을 발휘해 프로젝트 수행이 가능하리라 판단했을 수 있다. 하지만, 야드 운영도 심각한 시행착오를 경험하였고, 잘못된 의사 결정과 보여 주기식 관리로 건조에서도 전문성을 발휘하지 못하며 스스로 위험을 자초한 면이 크다고 할 수 있다. 어쩌면 설계와 조달의 부족한 부분을 세계 최고의 건조 기술로 극복해 낼 수 있다고 판단했을 수도 있다.

지금 와서 생각해 보면 그러한 판단이라도 했는지 의심스러울 정도
이고 전략과 성장에 대한 혜안 없이 상황에 밀려 근시안적으로 결
정했던 여러 번의 실수가 크게 성장도 없이 손실만 기록했던 EPC
기업의 최근 10년간 겪었던 실패담의 배경이 아닌가 싶다. 어떤 이
유로 대한민국 기업이 EPC산업에 발을 들여 놓았는지 따져 보는
것보다 앞으로의 행보를 어떻게 가져갈 것인지 초점을 맞추어 본다
면, 대한민국 EPC기업은 여전히 건조 기반의 EPC기업임을 자처하
고 있다. 통제력 높은 자원의 분포와 영업의 방향 조차도 생산설비
확충과 투자 계획에 집중되어 있으며, 제안서 작성시에도 스스로
작성하는 분야는 건조분야로 제한되어 있다. 효과적인 건조를 위해
설계 단계에서 건조성(Constructability)을 높이기 위한 선제적 활동
도 하고 있고, 프로젝트 수행을 위해 필요한 기반 기술의 효율 증대
를 위해 노력하기도 하지만, 설계와 장비조달의 지연이나 실수가
발생하는 경우 생산으로 만회하기는 불가능하다는 사실을 인정해야
한다. 이러한 배경하에서 계약 협상 시, EPC기업이 고려해야 할 주
요 사항은 건조과정에서 건조 활동을 방해할 만한 요소를 확인하고
제거해 나가는 것이다.

① **건조자원의 이해**: EPC프로젝트에서 요구되는 건조를 수행하
　　기 위해 인력동원은 필수 항목이다. 인력에는 특수기술을
　　보유한 인력도 있고 특별한 기술이 없어도 지시에 따라 움
　　직이는 인력도 필요하며, 하청계약을 통해 동원하는 것이
　　현실이다. 이러한 이유로, 안정적인 인력동원을 확보하기
　　위해서는 EPC기업의 꾸준하고 일정한 일감이 전제되어 있

어야 한다. 만일 수백 명의 인력이 단기간 추가로 필요한
경우, 충분한 재정이 있어도 수급이 불가능한 경우가 있다.
EPC프로젝트를 수행함에 있어 인적 자원은 매우 중요하며
제한적인 지역에서만 생산되는 희소 원자재 조달과 마찬가
지로 장기적인 수급 정책과 계획에 따라 관리되어야 할 항
목이다. 희소 원자재의 경우 안정적인 수입을 위해 생산량
을 고려하여 장기로 일정분의 꾸준한 공급 계약을 체결하는
것이 최선이나 그럼에도 해당국의 불안요소로 공급의 차질
을 가져가는 경우를 상정할 수 있다.

노동력 시장도 이와 비슷하여 EPC기업이 장기적이고 비슷
한 물량의 일감을 확보하여 안정적인 노동 수급의 배경을
마련한 경우에도 건설 등 다른 산업의 호황에 따라 노동력
이 이동하는 경우 예상치 못한 어려움을 겪을 수밖에 없다.
따라서, 건조에 있어서 최대 변수는 선행 업무인 설계와 조
달의 완성도이외에도 건조를 진행하기 위해 기능을 갖춘 적
정 인적 자원의 확보가 중요한 관건이라 할 수 있다. EPC기
업은 단 하나의 프로젝트를 수행하는 방식으로 야드를 운영
하는 것이 아니라 다양한 프로젝트가 동시에 진행될 수 있
는 설비를 보유하고 있다. 특정 프로젝트에서 예상치 못한
대규모 인력 동원이 필요한 경우, 우선적으로 외부에서 확
보하기 위해 노력하지만 여의치 않으면 진행되는 다른 프로
젝트에 이미 배정된 노동력을 대신 투입하는 결정을 내리기
도 하며, 이러한 결정은 결과적으로 두 프로젝트 모두 회복
할 수 없는 지연의 사유가 되기도 한다. EPC프로젝트에 투

입되는 자원은 품질과 투입 시점에 있어 유연성이 전혀 없는 것으로 고려되어야 한다. 인적자원은 추가 투입해도 상응하는 효율을 기대할 수 없는 한계효용이 존재하는 자원으로 분류된다. 따라서, 계약 협상 시, 건조와 관련해서는 EPC기업의 예상 프로젝트와 연계하여 관리 수준을 벗어나는 노동력 투입기간이 발생할 수 있는지 정밀한 분석이 필요하다.

EPC기업이 동원가능하고 관리가능한 인력의 규모가 10,000명 수준인데, 해당 입찰 공사를 수행하기 위해 단기간 11,000명의 노동력이 필요한 것으로 분석되는 경우, 주요 장비나 자재가 늦어지는 경우와 달리 준비만 잘한다면 관리 가능한 사안으로 치부하여서는 안 된다. 앞서 언급한 대로 인적 자원은 기업의 필요에 따라 단기간 쉽게 동원할 수 있는 자원이 아님을 이해해야 한다. 따라서, 관리 가능한 인적 자원을 기준으로 프로젝트의 적정 기간이 산정되어야 한다. 인적 자원에 대한 분석으로 인해 해당 공사의 건조 기간이 경쟁사보다 길게 형성되는 것이 입찰 평가에서 당연히 불리한 점이긴 하지만, 우선적으로 관리 가능한 현실적인 분석과 발주처가 요구하는 납기 목표 간 차이를 확인하는 것이 중요하다. 결과로 인력이 추가로 필요하다는 분석 자체가 기업의 한계를 시험하는 프로젝트임을 이해해야 한다. 프로젝트 자체의 기술적인 문제로 인한 도전은 오히려 전문가의 도움으로 해결이 가능할 수도 있지만, 단기간 대규모의 추가 인력이 필요한 경우, 발주처와 책임 공유를 주장할 수 없는 사항이며 EPC기업 내 또 다른 프로젝트도 함께 영향을 받을 수 있는 심각한 사안임을 이해해야 한다. 만일 노동력 부하분석을 통해 해당 프로젝트 수행을 위해 단기간 추가로 대규모 인력이 동원되어야 한다면, 이미 EPC기업은 적정 수준의 프로젝트를 보유하고 있다는 반증이기도 하니 욕심이 화를 부르는 결정을 하지 않도록 유의해야 한다. 그럼에도 EPC기업이 도전적인 결정을 내려야만 한다면 프로젝트 일정이 아닌 다른 판매 전략(Selling Point)를 찾아야 한다. 경쟁으로 인해 기업 내 과부화를 예상함에도 발주처의 조건에 맞게 제안서를 작성하였다면 프로젝트가 수행되는 기간 동안 계약 변경(Change Order) 등을 발굴하여 애초에 목표로 했던 일정대로 프로젝트가 진행될 수 있도록 관리가 필요하다. 건조는 절대적인 자원이 적기에 투입되어야 성과를 기대할 수 있는 분야이다. 따라서, 발주처가 그들의 개발 일정을 수립하는 경우에도 EPC기업의 생산 능력은 주요 고려 요소 중의 하나로 이해하고 있으며, 계약 협상뿐 아니라 사전 영업 활동으로 EPC기업이 특정 기간 동안 건조에 투입 가능한 가용 노동력 규모를 Slot 개념으로 홍보하는 것도 고려해 볼 만한 일이다.

② **건조의 독립성 유지:** 건조는 EPC기업의 전문분야임에도 위축된 앞선 활동(설계, 조달 등)을 해결해 줄 수 있는 열쇠는 아니다. 오히려, 설계와 조달을 건조의 준비단계라 판단하면 미비의 상태로 건조를 시작해서는 안 되는 활동이다. 반면,

완성도 높은 선행이 준비된다면 건조단계에서도 동일한 완
성도를 유지할 확률이 높은 활동이다. 따라서, 계약서 협상
시, 건조가 제 기능을 발휘하도록 조건을 합의하는 것에 노
력이 필요하다. 예를 들어 납기 지연 시, EPC기업에게 부과
되는 페널티 조항은 주로 프로젝트 인도 시점에 설정되기
마련인데, 오히려 건조 개시 조건에 설정하는 것을 고려해
볼 수 있다. EPC기업 내부적으로도 행위와 결과의 시차로
인해 페널티 적용에 있어 상대적으로 부담을 적게 느끼는
설계와 조달에 대한 긴장도를 높이고 페널티 조항이 프로젝
트 초중반에 설정됨으로써 꾸준한 관리 강도를 유지할 수
있다는 장점이 발생한다.

건조 준비단계에서 높아진 긴장감이 설계 하청사 관리를 효
율적으로 개선하는 사유가 될 수도 있고, EPC기업의 전문
성인 건조가 제 기능을 발휘하는 환경도 조성될 수 있다는
판단이다. 또한 발주처는 검사와 보고서 제출로 EPC기업의
활동을 점검하며, 필자의 경험으로는 검사와 보고서가 프로
젝트 수행에 있어서 EPC기업에게도 도움이 되는 활동임에
이견이 없다. 다만, 검사와 관련하여 휴일이나 야간 등의 시
간에도 검사 신청이 가능하도록 계약 협의를 진행한다면,
건조 활동에 있어서 도움이 될 만한 사항이다. 또한 건조를
설계된 목적물을 제품화하는 것에 더하여, 그 기능을 확인
하는 것까지 포함한다면 프로젝트 인도에 대한 절차와 기술
적 합의는 매우 중요하다. 다른 분야에서도 다시 언급하겠
지만, 프로젝트 인도를 완료함으로써 EPC기업은 계약적

Liability의 완수를 선언하고 하자보증이 시작되는 시점이며, 프로젝트 관리 주체가 EPC기업에서 발주처로 전환되고, 재정적으로 발주처가 지급을 약속했던 대금지급이 완료되는 시점으로 EPC기업 내 전문가들의 의견과 제안이 집약적으로 담겨야 하는 조항임에 유의하여야 한다.

4) 수금일정(Payment Schedule)

프로젝트를 수주하고 자원을 투입하여 계약 이행이 실현됨에 따라 "약속된 가격이 어떤 기준과 일정으로 지급 되는가"는 행정적으로 매우 중요한 사안이다. EPC기업이 프로젝트 실행 계획을 기반으로 비용 곡선을 작성하고 프로젝트 기간 동안 비용의 과부족이 발생하지 않도록 설계하여 제안하면 합의를 통해 결재 일정과 결재 금액을 결정해 나간다. 동일한 계약 금액이라도 운영에 따라 가치의 차이가 있음을 이해하고 우리의 노력이 보상 받는 절차와 행정에 소홀함을 주의하여야 한다. 프로젝트의 목적은 설계의 결과물을 제품화하는 것이고 수행 주체인 EPC기업은 제공된 서비스의 금전적 가치를 하자 없이 온전히 수금에 성공하는 것이다. 계약 협상과정에서 EPC기업은 프로젝트 수행에 필요한 자원 조달을 위해 투입 비용을 도식화하여 에스커브(S-Curve)를 작성하고, 이를 기반으로 대금 결제 일정을 제안한다. 대한민국 EPC기업의 회계 통화(Korea Won)와 계약상 거래 통화(USD)는 이종이며 입출금의 균형을 통해 환율 위험을 최소화할 수 있고, 프로젝트의 안정적인 운영 기반을 조성할 수 있으며 한시적 잉여자금 발생으로 인한 무계획적 오남용도 방지된다. 따라서, 대금 지급 일정은 EPC기업의 비용 지출 일정을 고려하여 제안하는 것이 최선이며, 결과적으로 프로젝트의 대금 입금과 비용 출금이 균형을 이루게 하려는 목표에 다가선다. 일정 상 균형이라 하면 입금이 출금 일정 대비 2주 정도 앞서 이루어지고, 지출 규모의 10% 정도 여유 자금 조성을 목표로 일정과 규모를 제안하는 것이 필요하다.

대금 지급 일정은 대금 지급을 유발하는 동기에 따라 (1) 일정에 따른 지급 방식(Milestone Payment)과 (2) 달성율에 따른 지급 방식(Progress (Performance Based) Payment) 등으로 구분할 수 있으며 적절히 혼재하여 지급 일정을 구성한다. EPC기업 입장에서 상대적으로 증빙의 관리가 용이한 Milestone Payment 방식을 선호하며, 일정마다 지급될 금액의 크기는 앞서 언급한 에스커브(S-Curve) 상 입출금의 균형을 맞출 수 있는 수준으로 제안하는 것이 보통이다. 또한 프로젝트 관리 측면에서 대금 지급은 계약 당사자 가 영향력을 행사할 수 있는 분야로 달성율보다 더 많은 대금 지급이 이루어 지는 경우 EPC기업에게 반대의 경우는 발주처에게 협상력을 높여주는 수단으로 사용되기도 한다. 이러한 관점에서 Progress Payment 조건 협의 시, 공정 이외의 다른 조건이 대금 지급을 방해하지 않도록 유의하여야 한다.

(1) 일정에 따른 대금 지급(Milestone Payment)

대표적인 일정으로 건조 개시 등이 있으며, 공정율과 일정이 혼재되어 있는 항목으로 주요 장비 발주 개시, 시운전 개시, 프로젝트 인도 등을 예로 들 수 있다. EPC기업 입장에서 상대적으로 효력 증빙이 용이한 항목들이다. 계약 개시와 함께 선수금을 지급하는

경우, Milestone Payment의 하나로 고려할 수 있으나 선수금 조건
으로 선수금 보증 등이 요구되는 경우 일정에 따른 지급이 아닌 대
출에 가깝다고 할 수 있다. 앞서 설명하기도 하였지만, 계약 개시
시점에 이미 제안서 작성 등 입찰 관리, 설계 하청사 등 주요 서비
스 계약 준비 및 체결, 프로젝트 전담 수행 조직 구성, 선행적으로
필요한 각종 계획과 절차서 작성 및 제출 등 의미 있는 공정률이
있음에도 전액 보증을 요구하며 선수금으로 치부하는 것은 개선이
필요한 사항이다. 현재까지 선수금에 대해서 독립적인 보증을 제공
하는 것이 관행화 되어 있고, 입찰 중 경쟁으로 인해 저항하기 어려
운 점이 있었지만, 당연히 대금 지급이 필요한 의미 있는 공정이 진
행되었음에도 선수금 전액이 대금이 아닌 채권으로 해석되는 것에 불
합리가 있으며 개선할 수 있도록 장기적 노력이 필요하다. Milestone
Payment 규모는 집행된 비용을 근거로 산출되는 것이 아니므로
Progress Payment의 과부족을 정산하는 목적으로도 사용된다. 하
청사 계약이나 장비 제조사와의 조달계약에서 시장의 상황으로
EPC기업은 선수금으로 계약금액의 상당 부분을 지급하나 발주처의
해석으로 계약자체를 의미 있는 공정으로 간주하지 않는 경우 입금
보다 출금이 많아지는 부족 기간이 예상되며 Milestone Payment설
계로 이러한 현상을 예방해 나가는 노력이 필요하다.

(2) 성과에 따른 대금 지급 방식(Progress Payment)

Payment간 기간을 일정하게 배분하여(통상 월단위 지급) 지급
하는 것이 일반적이며 달성율에 따라 지급 액수가 정해지며 프로젝
트 수행기간 동안 계획 대비 달성율 차이가 발생하더라도 집행 계

획에 따라 지급하기도 하고, 때로는 달성율에 따라 지급 비율을 조정하여 프로젝트 관리의 또 다른 장치로 활용하기도 한다. EPC기업이 프로젝트 수행을 위해 달성율을 집계하는 것은 수금과 관리에 있어 매우 중요하며 앞서 설명한대로 객관적 지표로 활용할 수 있는 달성율 집계 시스템 구성은 필수적인 항목임을 인식하고 준비해야 한다. Progress Payment 협의 시, EPC기업 입장에서 중요한 관리 사항은 대금 지급 행위가 프로젝트 이행 과정에서 제기되는 다양한 분쟁의 지렛대(Leverage)로 사용되지 않도록 유의해야 한다. 대표적으로 오프셋(Offset) 조항을 사례로 들 수 있으며, 어떤 이유로든 발주처가 회수할 채권이 발생하는 경우 대금 지급과 연계해서 선공제 후 대금지급의 규모를 결정하는 행위는 효율적으로 보이지만 악용의 소지가 매우 높다. 따라서 대금 지급과 그 밖의 채권 및 채무 관계는 별건으로 운영될 수 있도록 방어가 필요하다.

수금이 수익실현을 위한 유일한 수단이고, 프로젝트 기간 동안 현금 입출금의 균형을 조성하는 것이 프로젝트의 안정성을 유지하는 주요 수단이라면, EPC기업은 프로젝트 달성율이 아닌 투입 자원에 비례하여 Progress Payment를 요구해 볼 수 있다. 계약 당사자 간 분산형 위험분포 이면에는 언제나 EPC기업의 도덕적 해이가 문제될 수 있지만, EPC기업의 프로젝트 수지가 건전하게 유지되는 것 또한 프로젝트 성공의 주요 요인이라는 점에서 제안해 볼만한 사항이다. 발주처는 각종 채권(Advance Payment Bond, Performance Bond, Refund Guarantee 등)을 통한 재정적 보증 수단과 행정 및 징계수단 (Audit, LD, Termination and Suspension, Self-remedy with offset) 등을 동원하여 프로젝트 품질을 담보하고 각종 분쟁 시 협상 우위를 확보하기 위해 노력하며, 추가로 당연히 지급해야 할 대금의 일부를 공사 인도 시까지 유보(Payment Retention)하는 권리까지 확보하려고 한다. 이에 반해 EPC기업은 이익 확보는 고사하고 프로젝트 기간 동안 매달 자금 부족을 걱정해야 하는 상황이다. Progress Payment를 도입하는 목표가 프로젝트 공정률을 단속하는 수단이 아닌 EPC기업이 프로젝트에 투입할 적기 자원 조달을 위한 방안이라는 관점으로 수정되어야 한다. 또한 Progress Payment 방식이 공정률 기반으로 측정이 된다면 Fixed-Lumpsum 프로젝트의 모순적인 면면에 대해서 근본적인 질문도 던져 볼 만하다.

(3) 계약변경(Change Order)에 대한 Payment

프로젝트 기간 중 발생하는 계약변경(Change Order)의 경우, 계약 당사자 간 이해관계를 기반으로 대금 지급 방식을 결정하는 것이 필요하며 EPC프로젝트의 방식과 동일시할 이유는 전혀 없다. 계약변경의 규모가 일정 금액 이하인 경우 행정적 소모를 줄이고 EPC기업의 편의대로 집행하는 것 이외에, 계약변경이 실현되는 과정에 따라 착수, 진행, 완료 등의 단계로 배분하여 계약변경 수행을 위해 필요한 비용 집행 계획을 기준으로 대금 지급이 이루어 지도록 제안이 필요하다. 계약변경의 본질이 발주처 이익을 우선하는 행위로 EPC기업의 현금 수지 측면에서 발생할 부담이라도 해소할 수 있는 최소한의 장치이다.

(4) 대금 지급 소요 기간

EPC기업이 제출한 대금 청구서(Invoice) 접수 후, 검토 및 대금 지급 승인까지 걸리는 소요 기간으로 최대 4주의 시간을 넘기지 않도록 조치가 필요하다. 현금 유입의 시차로 인한 현금 수지 악화는 프로젝트에 직접적인 영향을 일으키는 요소로서 4주 이상의 시간이 요구되는 경우 보증의 의무와 연결된 선수금의 조정 보다는 일정에 따른 대금 지급(Milestone Payment)의 규모를 조정하면서 대응해 나가는 노력이 필요하다.

(5) Disputed Invoice

Invoice에 이의가 있는 경우, 증빙제출의 의무도 포함시켜야 한다. 그간의 계약적 합의에 따르면 Invoice 금액에 대한 발주처의 이의제기에 대해 특별한 대항력이 별도로 확보되지 못했다. EPC기업은 방대한 서류 증빙과 함께 Invoice를 제출하는 것에 반해 발주처는 간단한 Letter한장으로 일부 금액을 무력화시키며 대금 지급을 프로젝트 관리 수단으로 여겨왔던 폐단이 존재한다. 또한 프로젝트 수행기간 중 대금이 과지급 되었거나 어떠한 사유로든 EPC기업에게 채무가 발생하는 경우 효력이 발생한 Invoice금액에서 해당 금액만큼 차감하고 지급을 감행하는 Offset조항이 요구되는 경우, NO-Offset 혹은 사전 동의 조건 등의 조치로 대응이 필요하다. 발주처가 요구하는 Offset 조항의 취지는 행정 편의이나 이면에 (반복적으로 언급했듯이) 관리 수단으로서 대금 지급을 사용하려는 의도가 존재하는 것이고, EPC기업 입장에서는 프로젝트 수행을 통해 발생한 권리와 의무를 독립적으로 유지함으로 프로젝트가 필요로 하는 자원 투입의 방해 요소를 최소화하자는 취지로 정당성이 크다 주장할 수 있다.

대금 결재 일정과 행정적 절차는 자칫 중요성을 간과하기 쉬운 항목이다. 하지만 절차와 형식적 요건을 설계함에 있어 전문적이고 상세한 접근이 필요하며 실무에서도 관리자의 선발과 시스템 구성에 있어 세심한 준비가 필요한 부분이다. 대금지급의 모든 조건은 나름의 특징이 있으며 동시에 EPC기업의 현금흐름의 영향성을 기준으로 확정되어야 한다. 동일한 기준과 절차범위 내에서도 관리 역량에 따라 결과의 편차가 발생할 수 있으니 특별한 주의를 요하는 항목이기도 하다. 이와 같이 대금 지급일정은 단순 청구 업무가 아니고 프로젝트의 재정 건전성을 확보하는 기반이며 프로젝트 수행 기간 동안 유일하게 EPC기업에게 발생하는 권한에 대한 행사임을 인지하고 정교한 협의와 실질적인 제안을 통해 균형있는 계약조건에 이를 수 있도록 노력이 필요하다.

5) 처벌조항(Penalty Clause)

업계에서 처벌조항에 대한 논란은 항상 뜨겁다. 계약을 통해 양사의 합의가 이루어진 것과 강제가 가능한 것인가는 다른 문제이며 강제가 가능한 환경은 어떻게 조성되는가에 대한 이해를 바탕으로 대응을 위한 전략과 방어 논리가 사전에 수립되어야 한다. EPC 계약에서 처벌 조항은 EPC기업의 계약 불이행을 원인으로 발주처의 손해와 배상의 범위를 특정하는 것에 초점이 맞추어져 있으며, EPC기업의 계약 불이행에 따른 추가적 부담 증가에 대해 발주처의 권한이 강화되는 방향으로 계약이 설계되고 있음이 뚜렷한 특징으로 나타나고 있다. 그 특징은 처벌 조항임에도 처벌조항이 아닌 당연한 보상 규정으로 정의를 함으로써 최소한의 행정력으로 해당 조항의 효력을 유지하거나 행사하기 위해 노력하고 있음이 과거와는 없던 계약서 문안으로 반영되고 있다. 페널티 규정을 번역된 용어로 처벌이라 칭하니 위화감이 조성되기도 하지만, 계약 불이행이 발생되는 경우 EPC기업에게 가중되는 모든 합의를 처벌 규정으로 확대 해석 하는 것이 해당 계약의 위험요소의 총액을 파악하기 위해 적절하며 관련 조항의 협의 시에도 개별 사안으로 문제를 인식하지 않고 총론의 관점에서 그리고 재정적으로는 총액의 관점에서 협의를 진행해 나가는 노력이 필요하다.

수도 없이 반복해서 언급하는 사항이지만 계약 협의나 협상 혹은 어떤 형태의 협의나 협상도 일방의 의지와 노력으로 목표에 도달할 수 없고 양방의 합의가 필수 사항이라는 점에서 그 결과를 예측하여 단정할 수 없는 사항이다. 하지만, 정확한 인식과 이해, 그리고 나름의 해석을 시작으로 계약서 조항 중 EPC기업의 프로젝트 수행 활동에 영향성이 큰 페널티의 합의 목표를 설정하고 현실적이고 기술적인 협의 방향을 구상하고 장단기적으로 목표에 다가가기 위한 전략을 수집하는 등 의미 있는 준비가 가능하다. 우리가 속한 사회에서도 시민으로서 합의된 혹은 제정된 규칙과 제도를 준수해야 하는 의무와 책임이 존재하고 그렇지 못한 경우를 상정하여 처벌 규정이 존재한다. 하지만, 의무와 책임을 위반하는 것과 처벌의 대상이 되는 것이 자동으로 발생하는 인과관계를 형성하는 것은 아니다. 페널티의 목표가 벌금 징수나 구속 등 법 집행을 통해 부담을 조장하거나 사회로부터 일시적 격리 등 처벌만의 목적이 아니라, 오히려 예방과 동기부여에 근본이 있기 때문이다. 계약서 처벌 조항도 발주처의 추가 이익을 도모하거나 EPC기업의 프로젝트 건조 활동을 위축시키기 위함이 아니라 최초 합의된 의무 이행을 완수하기 위한 노력의 동기를 유발하고 독려하기 위해 사용되는 채찍에 해당된다고 할 수 있다. 아무리 취지와 배경이 좋은 조항이라 할지라도 악의적으로 사용할 여지와 위험성은 존재하며 이러한 상황에 대처하기 위해 관련 계약 조항에 대한 각별한 준비와 치열한 협의가 필요하다. 계약은 양방의 합의이고, 계약 당사자 모두 계약 발효와 더불어 의무와 책임이 발생하는 것이 당연하나 우선은 EPC기업이 계약자로서 의무 이행에 실패했을 경우를 기준으로 사례와 준비 방안에 대해 다루어 보고자 한다.

(1) 페널티 조항의 종류

의무이행의 실패가 확인됨에 따라 EPC기업이 계약자로서 보상이든 배상이든 추가적인 부담이 자동으로 발생하며 그 규모가 사전에 결정되었는가에 따라 비타협적 처벌 조항과 타협적 처벌 조항으로 구분할 수 있다. 타협과 비타협이라는 표현이 어쩌면 후자는 상대적으로 공평하게 느껴지고, 전자는 불공평하게 느껴질 수도 있으리라. 하지만, 본 지면에서 사용하는 타협과 비타협은 유·불리를 판단하는 잣대로서 사용할 수 없는 중성적인 단어임을 밝혀 두고자 한다. 우선 비 타협적 조항으로 대표적인 것이 Rework과 Liquidated Damage 항목을 예로 들 수 있다.

① Rework: EPC기업이 제공하는 모든 형태의 실질적 서비스가 대상이며, 미리 정한 기준과 규칙 그리고 합의된 기술 사

항과 비교하여 상이한 결과물이 생산되었을 때, 기존의 합의 상태로 재 생산하는 것을 의미한다. Non-confirmity라 하며 자동으로 Rework에 대한 의무가 발생되고 예외의 경우를 적용하기 위해서는 특별한 합의의 과정이 요구된다. 일반적으로 서비스 제공자가 스스로 생산한 제품의 결함을 수정하는 것은 처벌이 아닌 자연스러운 의무 이행으로 간주되는 것이 타당하나 EPC프로젝트에서 벌어지는 발주처의 간섭과 통제의 수준으로 비추어 볼 때, EPC기업의 관리적 책임이 그들과 공유되어야 마땅함에도 상황에 따라 선택적으로 EPC기업의 책임이 부각되고 있어 당연한 의무로만 인정하기에는 사안에 따라 억울한 측면이 있다. 따라서, Rework이라는 행위 자체에 대해 도전하기는 어렵지만 Rework을 진행하기 위해 필요한 기술적 방안과 재정적 부담의 의무는 사안에 따라 계약 당사자 간 협의의 대상이 될 수 있다.

절차적으로 Rework에 대한 원인 규명 조건이 계약서에 적시되어야 한다. 특히 성능 검증 시 목표 용량에 미달하거나 유지 보수를 위한 공간 확보 등의 문제로 Rework이 요구되는 경우 설계 및 기술적 협의 과정에서 발주처의 의견과 방향성이 반영되고 최소한 합의와 승인의 과정을 고려한다면 필요한 Rework의 수행은 계약 변경(Change Order)과 동일한 사안으로 조치가 이루어지도록 요구해 볼 수 있다. 건조 품질 중 Workmanship과 같이 생산 현장에서 발생하는 하자를 제외하면 공동 책임의 대상으로 간주하는 것이 필요하다. Rework의 기준은 기능에 초점이 맞추어져 있어야 하고,

기능의 문제가 있음을 발주처가 제시할 수 있어야 한다. 가령 배관재 설치에 있어서 직진도를 품질 기준의 하나로 설정하는 경우가 있다. 하지만, 배관의 목적인 유체의 이동이 설계 기준을 하회하지 않는 경우에 직진도를 문제 삼아 Rework이 진행될 수 없으며 필요 시, 계약 변경(Change Order)과 동일한 기준으로 판단하고 적용되어야 한다. 기능이라는 관점에서 기준에 미달하지 않는다면 편익 증진이나 적용의 의무가 없는 산업에서 통용되는 규정의 기준을 참고하여 Rework이 요구되지 않도록 조건 설정에 유의하여야 한다. 또한 Rework에 대한 시점은 EPC기업의 권한으로 설정되어야 한다. Rework이 필요하다고 판단되는 경우 필요한 자재의 수급 일정에 따라 재시공에 대한 시점이 결정되는 것이 일반적이지만 EPC기업이 프로젝트의 생산성과 간섭 여부를 고려하여 자율적으로 결정할 수 있도록 조치가 필요하다. 발주처 일방의 결정으로 Rework 항목이 관리 시스템에 등록되지 않도록 조치가 필요하다.

Rework을 요청하기 위해서는 기업별로 운영하고 있는 Project Completion System에 하자(Punch) 항목으로 등록이 필요하며, 이후 Rework에 대한 모든 상세가 관리되도록 운영되고, 등록이 완료되면 EPC기업의 관리력 투입이 요구됨을 의미한다. 결국 해당 항목의 책임 유무와 상관없이 결론에 이르기까지 EPC기업의 관리 항목으로 유지되는 것으로 등록 전 계약 당사자 간 합의가 필요함을 조건으로 적시해야 한다. 또한 Rework에 대한 배경과 상세에 대한 최소 기준을 정립하여 발주처가 확인한 문제점을 재확인하느라 시간을 소모하지 않도록 조치가 필요하다. Rework 조치 일정에 대한 처리가 일방적이어서는 안 된다. 입찰 기간 중 제출되는 프로젝트 일정은 평가의 중요 요소로서 Rework의 가능성을 배제한 체 제공되는 경우가 허다하다. 하지만 프로젝트의 난이도와 도전적인 목표에 비추어 본다면 Rework의 가능성은 배제할 수 없으며 프로젝트의 운영 과정에서 발주처와의 협업으로 이루어지는 의사결정 구조와 관리 감독의 규모로 설사 Rework이 EPC기업의 전적인 책임으로 합의된다 하더라도 재정적·기술적·관리적 부담에 더하여 애초 일정에 따라 완료되는 것까지 요구하는 것은 일방적이다 할 수 있으며 어느 정도의 Rework 발생을 자연스러운 과정으로 고려하는 이해가 필요하다. Rework의 범위가 확산되지 않도록 제한하여야 한다. Rework의 필요성이 제기된 사항은 독립적으로 후속처리가 이루어져야 하며, 표본검사를 통해 전수검사 여부를 판단하는 공장생산형 검사방법이 적용되는 것을 방지해야 한다. Chemical Cleaning이나 Mechanical Alignment와 같이 유사 반복적으로 적용된 공정에 대하여 공식적인 검사를 통해 문제가 제기된 항목에 대한 Rework을 실시하되, 전체 프로젝트를 대상으로 검사가 확대되는 것을 방지하는 조항이 필요하며, 꼭 필요한 경우 추가된 검사에서 문제점이 발견되지 않는 한, 검사 기간과 비용 역시 계약변경(Change Order)절차에 따라 처리될 수 있는 단서 조항이 필요하다.

② **Liquidated Damage:** EPC기업 입장에서 LD조항은 프로젝트 위험성 평가 시, 가장 상위에 위치하는 항목이다. EPC 의무 사항 중 계약 당사자 간 이견 없이 객관적 평가가 가능하고 프로젝트 수행이나 결과와 관련하여 영향성이 높은 항목을 LD적용 대상으로 선정하며, 합의 사항 미 준수 시 혹은 목표 미달 시 EPC기업에게 재무적 추가 의무가 자동으로 발생되는 조항으로서 그 의무의 크기가 가격의 형태로 표현된다는 특징이 있다. LD 적용 대상 항목 중에는 확정된 금액을 지급함으로써 기존 의무가 소멸되는 교환형이 있고, 의무가 지속되는 벌금형이 있다. 프로젝트 중 위험관리는 LD관리라 할 정도로 중요하며, LD 이벤트가 발생하지 않도록 예방하고, LD 이벤트 발생을 억제할 수 있는 환경을 조성하며, 책임의 소재를 기준으로 LD영향성을 최소화하는 등의 노력이 필요하다. 계약 협의 시, 다양한 시도를 통해 해당 LD조항의 목표와 절차에 대한 이해를 높이고 EPC기업의 통합적 위험관리 측면에서 협상이 이루어져야 하는 영역임에 유의하여야 한다.

㉠ **교환형 LD 이벤트:** 교환형 LD는 주로 프로젝트의 기능에 부가되며 FEED, 상세설계 등을 거치면서 기술적인 검증을 수차례 진행하고, 합의된 장비제조사와 협업 및 제도화된 검사방법을 거쳐 완성된 프로젝트가 최초 합의했던 목표 기능에 미달하는 경우, 정도에 따라 프로젝트를 일부 다시 수행해야 하는 경우도 있지만 EPC기업이 합의된 LD금액을

지불함으로써 그 의무를 면제받는 형태이다. 원양 항해를 목표로 건조된 프로젝트의 경우 최고 속도 조건 등에 부가되는 것이 대표적이며, 일정 수준의 미달은 Commercial Settlement의 방안으로 LD를 사용하는 사례라 할 수 있다. 계획대비 성능의 차이를 금전적 가치와 등가로 교환하는 것이다. 교환형 LD 이벤트는 프로젝트의 기능과 관련된 것으로 시운전이나 테스트 등 실물 검증을 진행하기 전까지 고도화된 예측 프로그램을 통해 여러 번 사전 검증을 실시하고 다양한 이해 관계자들의 전문성을 종합하여 완성되므로 실패 확률이 낮다. 또한 실물 검증을 위한 절차 합의 시, 계약 당사자 간 이해관계가 어느 정도 부합하는 항목으로 달성 가능한 기술적 범위 내에서 합의에 이를 수 있는 항목으로 이해된다.

ⓒ **벌금형 LD 이벤트:** 벌금형 LD 이벤트의 대표적인 사례는 일정 지연에 부과되는 경우이다. EPC기업 입장에서 LD 이벤트의 개수가 적을수록 관리적 위험을 줄일 수 있다. 특히, 벌금형 LD는 지연기간 동안 동일한 가격이 유지되는 경우와 일정 기간 별로 가격이 증가하는 누진제를 적용하기도 하며 책임의 상한선을 설정하는 노력이 필요하다. 해당 LD적용의 부담을 종결하기 위해 추가적인 자원의 투입을 결정하는 등 EPC기업에게 이중 부담의 원인이 되기도 한다. 프로젝트 수행을 위해서는 다양한 주요 일정들이 계획되며, LD이벤트로 합의된 일정이 지연되는 경우 EPC기업이 합의된 가격을 의무 지급함으로써 발주처에게 발생할 미래 손실을 어느 정도

상쇄할 목적으로 사용된다. 하지만, 프로젝트의 최종 일정인 인도를 제외한 중간 일정들은 발주처의 손실을 유발했다고 상정하기 어렵다. 프로젝트는 인도가 이루어진 이후 비로소 발주처의 목적에 맞게 사용되는 것이며, 중간에 발생하는 주요 이벤트는 최종 인도 일정의 달성 가능성을 가늠하는 수단으로 발주처의 미래 손실과 직접적인 상관관계가 아닌 연쇄적인 관계로서 위치해 있다. 따라서, 최종 인도일을 제외한 다른 일정에 부가되는 LD 이벤트는 당위성이 떨어지며, 일정과 관련된 불가항력(Force Majeure), 계약변경(Change Order) 및 인도조건(Delivery Protocol) 등과 함께 해당 이벤트의 발생 가능성을 판단하는 노력이 필요하다. 이밖에, 프로젝트 수행을 위한 주요 포지션에 역량 있는 인적 자원의 적기 투입 및 임의 교체 불가 등의 요구와 함께 LD 이벤트로 설정되는 경우가 있으며, 프로젝트 수행에 있어 EPC기업의 자율성과 독립성을 간섭한다는 측면에서 불편함이 있으나, 프로젝트 수행의 핵심 자원이 전략과 의사결정의 중심이 되는 주요 포지션의 인적 자원임을 반증하는 사실로 LD이벤트 선정 유무와 상관없이 EPC기업에게 주는 메시지로서 받아드리는 자세가 필요하다.

③ **일정지연에 따른 LD(Liquidated Damages for the Late Completion):** EPC프로젝트에서 빠짐없이 발생하는 사항으로 앞서 언급한대로 해당 조항에 포함되는 다양한 조건들에 대해 계약 협상부터 관리 가능한 환경을 조성, 관련 조

항과 함께 위험성을 검토, 허용한도에 대한 기술적인 배경
을 설정, 상쇄가능한 조항 발굴 등에 노력함으로써 프로젝
트 수행 시 일관적인 건조 전략을 유지할 수 있도록 사전
조치가 필요하다.

㉠ **LD 적용 일정 선정:** 벌금형 LD의 목적이 발주처에게 발생
할 수도 있는 미래 손실에 대한 보상적 성격이라면, 프로젝
트 최종 일정에만 LD의무를 부가하는 것이 당연하다. 다
만, 입찰과 경쟁이라는 특수 환경으로 인해 다른 중간 일정
에 추가적인 LD 설정이 요구되는 경우 EPC기업의 관리와
대응력이 높은 일정을 우선 선택하여 절충안을 제안할 수
있다. LD 의무가 발생하는 일정은 계약 당사자 모두에게
특별 관리의 대상이 되며 프로젝트 모든 일정이 유기적으
로 영향을 주고받는 구조임에도 창의적이고 전략적 접근과
다른 상항 해석으로 위험성을 낮추는 노력이 자연스럽게
이루어지는 환경을 조성할 수 있다. 따라서, 어떤 일정을
LD 이벤트로 설정되는가에 따라 프로젝트 품질에 지대한
영향을 미칠 수 있다. 이런 측면에서 복수의 LD이벤트 설
정 요구에 대해 설계 완료 이벤트를 대상 일정으로 제안해
볼 만하다. 보통 발주처의 의지에 따라 건조와 관련된 주요
일정이 추가 선정되나 건조 기간은 설비와 투입 자원이 증
가해도 일정 수준 이상 생산성을 높일 수 없는 한계 효용
이 존재하는 구간이고, 필요한 자원의 준비와 사전 성능 검
증에 따라 품질이 좌우되는 선행 의존도가 높은 구간으로
일정 측면에서 비탄력적이라 할 수 있다. 따라서, 건조 일

정이 LD 이벤트로 선정되면 단기적으로 LD 의무를 면하기 위해 부족한 준비를 외면하고 무리하게 공정을 진행하는 실수의 확률을 높이며, 결국 인도 시점에 더 큰 기술적 하자를 해결하기 위해 지연 일수가 늘어나고 LD의 크기도 함께 증가하는 악순환을 경험하게 된다. 이런 환경에서는 EPC기업의 장점인 건조 분야에서도 그 역량을 발휘하지 못하는 결과를 초래한다.

반면, 건조의 준비 단계인 설계 완료를 LD 이벤트로 설정하는 경우, 일상적인 관리력 이상의 주의와 집중으로 설계 품질을 높이는데 도움이 되며, 건조 기간과 비교하면 발주처 포함 이해 관계자들 간 협업이 활발한 기간으로 지연이 발생하는 경우 EPC기업에게 전적인 책임이 있음을 증명하기 어려운 면이 있다. 책임 소재에 따라 페널티 적용 여부와 주체를 판단하며, LD이벤트의 설정으로 기술적인 측면에 더하여 새로운 시각으로 설계 기간을 관리함으로써 설계 하청사 및 발주처와의 대응 능력도 개선시키고 품질 또한 상승효과를 기대해 볼 수 있으며, 결과적으로 프로젝트 품질에 긍정적인 영향을 미칠 것으로 판단된다. LD 이벤트는 그 자체로 부담이지만, 피할 수 없다면, 프로젝트 효율에 도움이 되는 방향으로 사용할 여지가 있음을 염두에 두고 협의해 나가는 것이 필요하다. 복수의 일정이 LD이벤트로 설정되는 경우 일부는 교환형 LD로 사용될 수 있도록 조치가 필요하다. LD금액이 발주처의 손실을 어느 정도 보상해 주는 의미라면, LD가 지급된 일수만큼 후속 일정이 개정 반영되어야 한다. 첫 번째 LD이벤트 일정이 지연되었다면, 합의된 지연 기간만큼 LD지급 의무가 발생하였고 그 대가로, 두 번째 LD일정까지 필요한 기간은 변함없이 유지되어야 한다. LD의무를 통해 건조에 필요한 기간을 약속된 가격을 지불하고 추가로 구매하는 것과 다름이 아니다. 또한 후속 LD 일정이 추가 자원 투입과 특별 관리를 통해 일정 준수가 이루어지는 경우 첫 번째 LD는 회수되어야 한다. 발주처의 손실과 관련된 일정은 프로젝트 인도 일정이 유일하고 중간 일정은 EPC기업의 동기부여가 주 목적임을 상기하여 최종 일정 준수에 따라 중간 일정에 발생된 추가 의무는 결과적으로 상쇄될 수 있는 계약적 환경을 조성해 놓아야 한다.

ⓒ **LD 금액 산정:** LD는 일단위 혹은 주 단위로 규모를 결정하며, 지연에 따른 발주처의 손실을 보상하는 목적이라고 하지만 진위 여부를 판단하기 어렵다. 발주처는 합의된 혹은 발주처가 제안하는 LD금액이 미래 손실과 비교하면 터무니없이 적은 수준이라 불평하기 마련이나 사족에 불과하고, LD이벤트 발생으로 인한 금액 설정은 과거 프로젝트의 합의 결과를 제외하면 적정 수준을 판단할 근거가 부족한 것이 사실이다.

시각을 바꾸어 EPC기업이 허용할 수 있는 일정 지연과 관련된 LD 금액의 산정을 통해 발주처가 제안하는 수준과 어느 정도 차이가 있는지 확인해 볼 여지는 있다. 입찰 준비 시, EPC기업은 그들의 확정된 사업환경과 예상할 수 있는

가정을 종합하여 프로젝트 일정을 산출하기 마련이다. 일
차 제출 후, 최종 계약자로 선정되기 위해 보다 정교한 가
격과 일정의 목표를 확인하거나 해석하며, 일차 제출 분과
의 차이로 그 가능성의 높고 낮음을 평가하기 마련이다. 일
차로 집계된 계약금액을 상수로 하고, 최종 계약자로 선정
되기 위해 도전적인 수행계획으로 최종 제출용 프로젝트
일정을 단축시켰다면, 단축된 일정으로 발생할 수 있는 재
정적 여유가 바로 EPC기업이 허용할 수 있는 LD의 한계이
다. 소위 출혈경쟁의 환경에서는 이러한 접근도 불가능하
다. 일정지연과 관련하여 정상적인 이윤확보가 가능한 시
장에서 EPC기업이 허용할 수 있는 한계는 계약 금액의 5%
남짓이며, 일일 LD금액은 최장 6~9개월 기준 계약금액의
0.02~0.03% 수준으로 기억되며, 프로젝트가 성공적으로
수행되었다 평가받기 위해, 해당 LD 총액으로 책정된 금액
이 영업이익으로 추가 환수될 수 있는 경우를 최대로 상정
할 수 있다.

ⓒ **위험인자로서 종합적 판단:** 앞서 언급한 대로 LD의 위험성
을 종합적으로 판단하기 위해서는 계약서 내 일정과 관련
된 다른 조항들과 종합적인 판단이 중요하며, 프로젝트 운
영상 위험이 완화되는 합의가 이루어진 경우 LD의 금액과
기간을 산정함에 있어 융통성을 발휘할 수 있는 공간이 확
보된다. 예를 들어, ⓐ 불가항력(Force Majeure) 조항은 EPC
기업의 관리 한계를 벗어나는 불확실성 사건이 발생하여
프로젝트 일정 지연의 원인이 되는 경우, 최소한 지연에 대

한 책임에서는 벗어나도록 허용하는 조항이다. Force Majeure 의 범위를 특정하는 것이 계약 당사자 간 주 협의의 대상 이며, 주로 'Act of God' 혹은 'the Blind Force of Nature' 이라 불리는 전쟁을 포함한 다국적, 전국적 소요, 질병, 자 연재해 등은 이견 없이 합의되나 시장에서 독점적 지위에 있는 주요 장비제조사의 기술적, 관리적 결함으로 인한 사 항 혹은 지엽·지역적인 소요나 장마·홍수와 같은 불확실 성들은 자연재해이고, 건조 영향성이 분명함에도 계약 당 사자 간 입장차이가 분명히 드러나는 대목이다. 이러한 조 건들이 Force Majeure항목으로 인정받는 경우 일정 지연 과 관련된 LD조항 협의에 있어 금액과 이벤트 선정에 고려 될 수 있다. ⓑ EPC기업이 설계변경(Change Order)을 평가 함에 있어 독립적이고 자율적인 권하이 확보한다면 일정 지연의 위험을 어느 정도 상쇄할 수 있는 효과를 기대할 수 있다는 점에서 동일한 환경이 조성된다고 할 수 있다. ⓒ 인도 조건은 기술적인 항목이면서 관리에 따라 결과가 정해지는 분야이다. 가령 Rework의 필요 유무는 계약 당 사자 간 쉽게 동의할 수 있지만, 중요도를 나누는 등급은 전문성에 따라 달라지며 객관화될 수 없다는 점에서 관리 의 중요성이 대두되는 항목이다. 최종 제출 문건 등도 유사 하다. 관리의 기법에 따라 동일한 품질의 문건도 발주처의 승인을 획득하기도 하고 실패하기도 한다. 일정 지연의 최 종 목적은 프로젝트 인도 일정인 만큼 해당 기준과 절차 (Protocol)합의 수준에 따라 LD협상 시 위험의 수준을 달리

평가할 수 있다. ⓓ EPC프로젝트의 불확실성과 위험 요소
들은 산업의 특징이라 할 수 있다. 계약 당사자 모두 이해
를 같이 하면서도 계약 협의 시 이를 반영하는 노력은 찾
아보기 어렵다. 재정이나 일정 모두 대비책(Contingency
Plan)이 필요한 부분이며, 계약변경(Change Order)과는 다
른 조건이 필요하다. 유사 항목으로 원자재 가격 변동 보
상, 환율 변동 보상 등 예측 불가 항목에 대한 특별 조항이
있을 수 있고, 인도 유예(Grace Period)와 같이 인도 일정과
관련하여 불확실성에 대비하는 조항이 추가되기도 하지만,
시장 대응력이 충분하지 못하며 그나마도 반영을 위해서
상응하는 대가를 지불해야 한다. 따라서, 해당 조항의 합의
유무와 정도에 따라 LD조항의 합의 수준이 달라질 수 있
다.

ⓔ **상호 호혜적인 조항의 추가**: LD조항은 주로 EPC계약자의
책임과 의무 이행이 완료되지 않은 경우에 효력이 발생하
는 처벌 조항이다. 프로젝트로서 계약 당사자 간 지속적인
합의가 요구되는 환경임에도 책임의 부담이 EPC기업에게
만 전가되고 있으며, EPC기업은 책임을 발주처와 공유할
근거를 마련하기 위해 새로운 가치를 만들어 내는 노력보
다 수동적이고 의존적인 관리 행태를 고수하고 있는지 모
르겠다. 산업의 문화를 개선하려면 징벌적인 조항의 두드
러짐 만으로는 부족하고 ⓐ 보너스 조항이나 ⓑ No Minus
Change Order 항목 등과 같이 긍정적인 동기부여가 가능
한 계약 조항의 협의가 필요하다. 일정 개선은 적극적인 노

력과 추가 자원의 투입 없이 불가능한 사항으로 최소한 합의된 LD금액과 동일한 수준의 보너스 항목을 추가하여 EPC기업이 일정 단축을 위해 부담하는 추가 비용을 보전해 주는 노력에 동참하거나, 계약 당사자 간 공동 혹은 일방의 노력으로 프로젝트 수행 환경이 개선되고 결과로 비용 절감을 이루었다면 EPC기업에게 대가가 돌아가도록 협의가 필요하다. EPC기업은 프로젝트 수행을 통해 수익을 창출하고, 발주처는 프로젝트 인도 이후 운영을 통해 기대하고 있는 구조이므로 프로젝트 건조 기간 중 발생할 금전적 수혜는 EPC기업에게 귀속되고 그 대가로 프로젝트의 성공적 인도라는 사업 환경이 발주처의 이익으로 귀속되는 구조로 합의된다면 EPC기업의 이용 가치를 끌어올릴 수 있는 작은 동기부여가 될 수 있다. 또한 발주처의 주요 의무 사항에 대해서도 LD조항의 적용을 요구해 볼 수 있다. 프로젝트 대금 지급을 사례로 들 수 있으며, 지급 기일 내에 이루어지지 않는 경우 약속된 이자가 추가되는 구조이나, 일시적인 현금 부족으로 부도 사태 등의 우려를 배경으로 이자 지급과 같은 당연한 비용의 보전만이 아니라 처벌 조항 도입에 따른 추가 부담을 요청해 볼 수 있으며 각종 승인 업무와 관련해서 동일하다. EPC기업이 생산한 도면이나 문건 등에 대해 일정 기간 발주처 승인을 위한 검토의 시간이 주어지며, 기간 내 검토 결과에 이르기까지 반응만으로 일관하며 시간을 보낼 수 있는 현재의 구조도 개선이 필요하다. 발주처의 검토 기간이 아닌 승인 기간이 적시 되

어 승인에 대한 시간적 부담을 유지하여 보다 적극적이고
창의적인 방안으로 문서출도의 달성율을 높이는데 함께 기
여할 수 있는 계약적 구조를 도모해 보는 노력이 필요하다.

6) 변경관리(Change Order Management)

EPC프로젝트에서 계약변경(Change Order)은 기존 계약에 종속
된 계약적 합의이며 동시에 기존 계약의 조건, 업무범위, 가격 및
일정 등에 변화와 영향을 유발하는 유일한 수단으로 모든 EPC계약
서에 공통적으로 포함되는 주요 조항 중 하나이다. 해당 조항의 관
리는 기 합의된 계약의 관리만큼 중요하며, 발생 빈도를 기준으로
보면 EPC프로젝트가 태생적으로 얼마나 많은 도전과 불확실성을
내포하고 있는지 반증 하는 조항이기도 하다. EPC가 요구되는 프로
젝트를 Lumpsum계약 방식으로 합의가 가능한 이유는 EPC기업의
자기 주도적 실행과 정확한 업무 범위가 전제되어야 한다. 입찰서
를 통해 확인한 프로젝트 요구 사항을 검토하고, 경험과 기술을 바
탕으로 가격 산출이 가능한 실행 방안에 합의함으로써 Lumpsum이라
는 계약 구조에 합의할 수 있는 것이다. 완벽하게 실행 방안을 도출
할 수 없는 사안에 대하여 리스크 항목으로 분류하고, 합의된 조건
에 따라 해당 리스크의 수준을 상·중·하 등으로 구분하며, 계약 조
항을 근거로 관리의 수준과 투입 자본의 적정선을 결정하는 것이다.
프로젝트 수행 기간 중 EPC기업이 생산하는 도면이나 문건들의 경
우 승인용(For Approval)이 아닌 검토용(For Review and Comments)
으로 제출하는 것도 EPC기업의 자기 주도적 프로젝트 실행이라는
원칙에 대한 합의의 표현이다. 하지만, 경쟁의 과정에서 EPC

Lumpsum이 지향하는 바는 사라지고 발주처의 개입과 권한이 강화되어 가격 구조와 관리 구조 모든 면에서 EPC기업의 자기 주도를 상실하는 계약 조건에 이르기 마련이다. 계약변경은 이러한 사례의 대표적인 조항이라 할 수 있다. 계약변경은 프로젝트 수행기간 동안 필수적으로 발생한다. 변동성을 가중시킨다는 측면에서 EPC기업에게는 부담스러운 조항임에 틀림없다. 그럼에도 계약변경을 통해 매출이 증가하고 수익개선의 효과를 경험했던 긍정적인 과거 전례를 통해 변경요청이 포함하고 있을 위험 요소는 대수롭지 않게 평가하는 경향이 있어 주의가 요구된다.

프로젝트 수행 중 변경요청은 수천 건을 넘어서고, 변동성을 증폭시키는 원인임에도 EPC기업에게는 리스크만 남고 프로젝트 운영에 도움이 될 만한 동인으로서 활용될 여지는 줄어드는 계약환경이 조성되고 있다. EPC기업이 제출한 계획이 프로젝트 목적에 부합하지 않는 경우, 계약불이행(Non-compliance) 조항을 근거로 발주처의 추가적인 부담 없이 조치가 가능하니, 계약변경의 범주로 다루는 사안은 주로 발주처의 추가이익 확보를 위한 조치라 할 수 있다, 그럼에도, 해당 조항의 표현이 과거 변경요청(Change Request)과 같이 중립적인 것에서 계약변경명령(Change Order)와 같이 상명하복식으로 변화하고 있어, 더욱 주의가 요구되는 사안이다. 계약변경조항을 협의함에 있어 EPC기업은 변경관리(Change Management) 관점에서 검토와 제안이 필요하다. 계약 변경도 또 다른 계약활동으로 입찰 중 계약 협상과 비교하면 경쟁으로 인한 제약도 없고, 발주처의 새로운 요구사항을 실현하기 위해 EPC기업을 설득하는 것 외에 마땅한 대안이 없는 환경에서 이루어 지는 것이다. 이러한 사

실을 잘 알고 있는 발주처들은 필요한 계약조항을 미리 반영하여
계약변경 사안이 필요한 경우 EPC기업의 반대없이 진행할 수 있는
계약 환경을 조성하고 있다. 계약 변경이 필요한 환경에서도 계약
자 간 책임의 불균형을 유지하려는 시도이며 높은 수준의 방어가
필요한 조항이다.

(1) Change Management 전략 및 목표

앞서 언급한 대로 계약 변경이 발생하면 사안에 따라 EPC기업
의 매출과 이익에 기여하는 기회가 될 수도 있는 반면 계약 조건에
따라 프로젝트의 불확실성만 가중되는 측면도 존재한다. 사안의 성
격에 따라 발주처의 의견과 배경을 확인하고 대응해 나가면서 절충
안을 찾아가는 것도 방법이 될 수 있지만, 계약변경과 관련된 사항
은 EPC기업의 사전 방향성이 매우 중요하다. 계약 변경이란 "계약
금액 산정 시 고려된" EPC기업의 책임과 역할을 벗어나는 혹은 벗
어날 수 있는 모든 개연성을 포함하기 때문이다. 따라서, 계약 변경
조항에만 국한해서 판단하는 것이 아니라 계약서 전반에 포함되어
있는 계약 변경 항목을 발굴하고 EPC기업의 일관된 입장을 주장함
으로써 협상 시, 근거의 견고함을 유지할 수 있게 된다. 예를 들어
Termination, Suspension, Force Majeure, Tax 등도 계약 변경의 항
목으로 분류될 수 있으며, 사안 별로 협상을 진행하는 것보다 총론
의 관점에서 기업의 전략과 목표를 기반으로 접근하는 전략이 필요
하다. 변경을 정의하기 위해서는 계약금액을 구성하는 EPC기업의
의무와 책임에 대한 선명한 경계가 설정되어야 한다. 또한 구체성
이 높아지면 제안서 품질이 높아질 뿐 아니라 프로젝트 수행 과정

에서 필요한 단위 업무가 계약 변경에 해당되는지 여부를 객관적으로 판단할 수 있는 근거를 제공한다. 의무와 책임의 상세는 프로젝트 실행 계획과 일정표 등에 주로 반영되어 계약서 협상 시, 당사자 간 이견이 발생하는 지점도 아니며, 프로젝트 수행 기간 동안 계약서 요구 조건의 모호함을 해석하는 주요 근거가 될 수 있다. 구체적인 의무와 책임의 정의를 통해 변경을 구분할 수 있는 객관성을 높이며, 불확실성이 가중되는 변경 요청은 변경 억제에 초점을 맞추고, 그 밖의 변경 사항에 대해서는 변경 보상에 목표를 두고 전략을 설정하는 것이 필요하다. 변경 억제를 위해서는 ① EPC기업이 계약변경을 거절할 수 있는 권한을 확보하거나, ② 계약변경 실행을 위해 양사 간 사전 합의를 전제하거나, ③ 계약변경 요청 자체가 불가능한 특정 기간을 설정하는 등의 노력이 필요하다. 또한 변경 보상과 관련해서는 ① 변경 사항의 성격과 특징에 따라 가격 책정의 기한을 달리 설정하거나, ② 마이너스 변경을 제한하거나, ③ 변경에 따른 EPC기업의 보증한도를 제한하는 등의 전략적 노력이 요구된다.

(2) 변경의 종류에 따른 가격 설정

EPC기업 입장에서 계획된 프로젝트 업무 범위와 일정에 변화가 발생한다는 측면에서 계약변경은 리스크 항목임에 틀림없다. 따라서, 해당 변경 요청에 상응하는 적절한 가격과 기간 산정 방식을 결정하기 위해 리스크 관리와 유사한 구분이 필요하며, '실행 방안을 조기 확정할 수 있는가' 혹은 '변경 발생이 프로젝트 완성을 위한 의무 사항인가' 등의 조건을 기준으로 그 특징을 구분할 수 있다.

① **실행 방안 조기 확정이 가능하며 계약 당사자 협의의 결과로 적용 되는 변경의 경우:** 해당 변경 요청에 대한 실행 여부를 결정 함에 있어 경험과 정보를 기반으로 기술적 해결 방안 및 적 용을 위한 금전적, 시간적 소요 자원에 대한 예측이 99% 수 준으로 가능하고, 연관 업무에 미치는 영향성을 정교하게 판단할 수 있는 경우에 해당되며, 계약 체결 시, 제출되는 단위원가(Unit Rate)를 통해 가격을 산정하며, 소요 기간은 해당 시점에 수집 되는 정보를 기준으로 산정하는 것을 제 안해 볼 수 있다. 변경 발생 시, 가격 결정을 위한 소모적인 논쟁을 줄이고 빠른 진행을 위해, 사전에 합의된 기준인 단 위 단가는 주로 원자재 및 인적 자원을 대상으로 작성된다. 또한 계약 변경 요청에 대한 권리는 계약 당사자 모두에게 동일하게 주어지는 것이 당연하며, EPC기업 입장에서 매출 증가, 이익의 건전성 확보 및 인도지연에 대한 방어력을 획 득하는 수단으로 사용이 가능하다.

② **실행 방안 조기 확정이 가능하며 프로젝트 반영이 의무 사항인 변 경의 경우:** 프로젝트가 적용해야 할 규정과 기준이 변경됨에 따라 프로젝트에도 해당 변경 사항이 필수적으로 반영되어 야 하는 사항 혹은 EPC기업이 감당하기로 약속한 각종 세 금 등의 세율 조정으로 인한 사항 등으로 관리적 관점에서 실행 방안의 조기확정이 요구된다. 합의된 단위원가를 사용 하여 가격 산정이 가능한지 우선 점검이 필요하겠지만, 피 해를 최소화하기 위해 착수를 위한 실행 방안을 작성한 경

우에도 그 영향성을 완전히 해소하기에는 어려움이 있다. 따라서, 착수는 즉시 시행이 가능하나 가격과 기간 선정이 조기화 되어서는 안되고, 일정 기간을 두고 영향성을 평가하면서 변경으로 인한 가격과 기간이 산정될 수 있도록 제안이 필요하다. 발생 빈도가 높지는 않지만 EPC기업의 리스크 관리 측면에서 대응이 필요한 그룹이다.

③ **실행방안 확정이 불가능하며 프로젝트 반영은 의무 사항인 변경의 경우:** 'Act of God'으로 대변되는 불가항력(Force Majeure) 항목 등이 해당된다. 계약의 이해관계자 모두에게 정도의 차이는 있지만 금전과 일정 준수 측면에서 상당한 위험에 노출되나, 원인 제공이 계약과 관련된 이해 관계자로부터 발생하지 않았고, 여하의 노력으로 상황의 개선이나 종료를 꾀하기가 어려운 환경으로, 일정과 관련해서는 이벤트가 발생된 기간만큼 순연되고, 해당 기간 동안 추가되는 금전적 부담은 각자 부담하는 원칙이 일반적으로 적용된다. 또한 발주처의 사유로 프로젝트를 중간에 중단하거나 일시 보류를 선언하는 경우로, EPC기업은 기회 비용을 포함한 모든 손실을 방어하기 위한 준비가 필요하며, 계약서 협의 시, 해당 비용 산정에 대한 기간을 충분히 확보하는 것이 관건이라 할 수 있다. 계약서에 따라 계약변경에 따른 금액 조정에 상한선을 요구하기도 하며, 프로젝트가 중단되거나 장기간 보류되는 경우 비용 상한선의 예외조항으로 고려될 수 있도록 조치가 필요하다.

④ **실행방안의 확정이 불가능하며 계약 당사자 협의의 결과로 적용되는 변경의 경우:** 기존 계약의 목표를 벗어나는 기술적 변경 등이 해당되며 불확실성과 관리점을 줄여 나가야 한다는 목표에 비추어 계약 변경 억제를 목표로 대응이 필요하다. 변경요청을 반영하기 위해 사전 합의 조항에 대한 이견은 크지 않으나 EPC기업이 거절할 수 있는 권한에 대해서는 합의가 어려운 것이 사실이다. 하지만, 계약 목적에 벗어나는 변경 사항에 대해 EPC기업이 거절할 수 있는 권한은 제안해 볼만한 사항이며 계약 변경이 불확실성을 증가시키는 장치가 되지 않도록 조치가 가능하다. 또한 제한적인 조건이라도 EPC기업의 동의가 의무 사항으로 설정되면 계약 변경이 프로젝트 운영에 도움이 되는 수단으로 활용도가 높아짐에 유의하여야 한다.

(3) 변경요청의 주체

계약 변경을 진행하기 위해 계약 당사자 간 합의와 조율은 당연하며, 변경을 요청하는 주체도 계약 당사자 모두에게 주어지는 것이 당연하다. 계약을 체결함에 있어 일방에게만 권한이 부여되고 다른 일방은 조건만을 제안할 수 있다면, 자유 계약 정신에도 위배되며 EPC기업의 자기 주도적 실행의 권리를 심각히 훼손하는 처사이다. EPC기업이 가격산정 시 기준이 되었던 의무와 책임을 벗어나는 경우, 혹은 벗어날 필요가 있는 경우 변경요청을 통해 금전적 시간적 보상을 요구할 수 있어야 한다. 가령, 프로젝트 수행 기간 동안 특정 기술 문건에 대해 제삼자의 판단과 승인이 요구되기도 하며, 근거가 되는 기준과 규정을 언급하고, 이를 벗어난 사안에 대해서는 변경의 과정을 통해 반영 여부를 결정하도록 조치되어야 한다. 앞서 언급한대로, EPC기업이 산정한 가격의 기준이 되는 의무와 책임은 구체적일수록 좋다. 발주처 직원들은 협업이라 하지만 EPC기업 입장에서는 개입과 간섭을 넘어 의사 결정까지 주도하는 현실에서 변경 관리를 통해 협상의 균형을 맞추는 기회로 활용할 수 있다. 계약서에 반영하여 환경을 조성하는 것도 중요하지만 프로젝트 실행 과정에서 유명무실해지지 않도록 운영의 묘를 살리는 역량이 필요한 사항이기도 하다.

(4) 변경을 제한하는 계약 조건 사례

발주처 입장에서 필요한 변경은 반영하면서 소요되는 부담은 EPC기업에게 전가하기 위해 계약서에 다양한 조건을 추가하기 마련이며 계약서 협상 시 대응 방안에 대한 전략과 주의가 요구된다.

① **Fit for Purpose**: 변경의 범위를 제한하고 EPC기업의 의무와 책임을 열어 놓을 수 있는 대표적인 조건이며, 계약서의 부속서류로 구성되는 Scope of Work, Design Dossier 혹은 Execution Plan등을 통해 EPC기업의 의무와 책임을 구체적이고 기술적으로 적시하여 확대해석의 여지를 최소화하는 대응 문서로 활용하는 노력이 필요하다.

② **No dispute on the change**: 변경 요청 및 개시는 발주처 고유 권한일 뿐 아니라, 요청과 함께 변경 사항을 프로젝트에 즉시 적용하는 의무와 책임이 EPC기업에게 자동 발생하며, 변경에 소요되는 자원과 시간에 대한 사전 절차도 발주

처 편의에 따라 미루어질 수 있는 조건으로 Fit for purpose 조건 보다 구체적으로 EPC기업의 재량을 제한할 수 있으며, 계약 협의 시 중재안에 대한 합의에 이르지 못하는 경우, 프로젝트 수행 기간 동안 'without prejudice' 조건으로 EPC기업의 권한이 유지될 수 있도록 조치가 필요하다.

③ **Time Bar:** 변경과 관련하여 소요가 예상되는 자원과 시간에 대한 제출 시한을 설정하고, 이후 추가되는 항목에 대해서 발주처의 책임 회피가 가능하도록 조치하는 조건으로, 승인을 위한 발주처의 신의 성실 의무를 추가하여 보완이 될 수 있도록 조치가 필요하다.

(5) 계약 변경에 따른 가격 정책

기존 계약에 요구 사항을 추가하는 Addictive Change와 삭제하는 Deductive Change로 구분할 수 있으며, 프로젝트 현장에서는 Addictive Change가 주로 발생한다. 두 Event 모두 상응하는 기간과 가격의 조정이 동반되며, 계약변경에 적용될 단가표는 계약 발효 전 사전 합의하여 차후 분쟁의 소지를 최소할 목적이라 하나, 다른 한편으로 발주처의 비용 증가를 방어할 목적 또한 다분하다고 할 수 있다. 미래에 사용될 단가를 미리 제안하고 입찰이라는 경쟁 환경에서 리스크를 반영한 합리적 단가 합의가 어려운 상황에서 적용 시기별로 Stage Factor를 적용함으로써 Face Value는 낮추고, 적용 시점에 따른 가격 변동성에 대한 리스크를 감소시킬 수 있는 효과를 노려볼 수 있다. EPC산업이 프로젝트 목표를 달성하기 위해 세계 각처에 분산되어 있는 자원을 활용하여 구현하는 건조산업인

만큼, 필요한 자원을 외부에서 조달하는 경우를 상정하여 비용을 기반으로 가격(Cost Plus Mark-up)을 산정하는 예외 조항 또한 별도 적시가 필요하다. Mark-up은 매출 이익으로 기업별 전략에 따라 규모를 설정할 수 있으나, 돌발상황으로 인한 추가 행정소요 및 리스크 인자 등을 포함하여 최초 견적 내역서 작성 시 반영된 매출 이익의 수배를 요구해야 최소한 비슷한 수준의 매출이익을 달성할 수 있다. 발생 빈도가 높지는 않지만, Deductive Change의 경우를 상정하여 더 주의가 필요하다. 계획을 철회하거나 혹은 이미 진행된 공사의 일부를 취소하는 경우에도 해당 항목에 이미 포함된 비용 이외에 고정비와 매출 이익이 포함되어 있다면, EPC기업의 권리로써 유지하는 것이 타당하다. 발주처가 편의상 계약을 전부 혹은 부분적으로 해지하는 경우(Termination at Buyer's convenience)와 마찬가지로 취소로 인한 비용 및 영향성과 요구사항이 유지되었을 때 기대되는 이익 등을 포함하여 가격으로 요구할 수 있는 사항임에 주의해야 한다.

(6) 프로젝트 관리 측면에서의 Change

계약서 협의 시, 계약변경을 수행하기 위해 필요한 추가 비용과 기간 등의 제출 시한을 일반 문건 검토 기간 등과 동일한 수준으로 요구하며, 해당 기간 경과 후에는 더 이상의 추가를 허락하지 않는 구조로 계약 변경의 제한 조건이 작성되기도 한다. 계약변경에 합의한 경우에도, EPC기업이 합리적인 비용과 기간을 파악할 수 있는 시간이 확보되도록 계약 조항 합의 시 반영되었다면 최선이겠지만, 그렇지 못한 경우에도 EPC기업은 확실하게 파악된 비용과 기

간만 우선 제공하고, 여전히 잔여 영향성이 있음을 고지하는 방식
으로 접근이 필요하다. 계약변경의 소요가 제기된 시점에도 프로젝
트는 진행 중이어서 시간이 지체될 수록 반영이 어려워지는 것은
당연하다. 빠른 조치를 담보로 비용과 기간에 대한 평가를 어느 정
도 지연시키는 전략이 필요하며 반드시 우선 제공하는 정보가 있어
야 효력을 발휘할 수 있다. 또한 계약변경은 보증과 보험 등에도 영
향을 미치며, 이러한 처리를 위해 사용되는 행정적, 관리적 비용도
직접비용으로 청구하여 가격에 빠짐이 없도록 주의가 필요하다.

7) 인도조건(Delivery Protocol)

프로젝트 리스크 평가는 프로젝트 인도조건으로부터 시작하는
것이 현명하다. EPC프로젝트의 목적은 기능이나 가치 측면에서 복
잡성의 정도가 상상력의 범위를 뛰어넘는다. 인도조건 협의는 손에
잡히지 않는 프로젝트의 규모와 그에 따른 관리 범위를 구체적이고
현실적인 수준으로 협의해 가는 과정이라 할 수 있으며, 계약기간
중 발생하는 모든 목표 일정 중, 계약자 간 업무 범위와 속성에 변
화를 유발하는 유일한 일정이라 할 수 있으며, 소유권 이전과 같은
상징적인 책임과 페널티 조항의 적용 등 실질적인 책임 간 가치 교
환이 가능해지는 등 다른 목표 일정과는 시각과 전략의 차이가 요
구되는 항목이다.

프로젝트 인도 조건 협의 시 (1) 기술 조건, (2) 행정 조건,
(3) 목표 미달 시 예상 시나리오, (4) 목표 달성 시 예상 시나리오
등으로 구분하여 계약 당사자 간 책임의 발생과 변화를 기준으로
협의를 진행해야 하며, 성능 검증과 같은 기술 조건 협의 시 건조

품질에 대한 계약 당사자 간 높은 수준의 합의가 완료된 후의 일정임을 고려하여 EPC기업이 모든 책임과 부담의 주체가 되지 않도록 주의하여야 한다.

(1) 기술 조건

기술 조건을 협의하기 위해서는 commissioning(운전을 위한 성능 점검)과 start-up(본 운전을 위한 시운전)의 대한 상세하고 구체적인 정의가 선행되어야 하며, 각각의 실행을 위해 필요한 사전 준비 사항 또한 구체적으로 다루어져야 한다. 커미셔닝의 경우 관련 시스템을 모두 포함하는 넓은 범위로 설정하여 스타트업과 차이가 없는 수준으로 요구될 수도 있고, (유전개발 공사의 경우) 스타트업이 상업운전 개시와 같은 의미로 사용될 수도 있어 정의에 따라 EPC 기업의 업무와 책임의 범위에 직접적인 영향을 줄 수 있음에 유의하여야 한다.

프로젝트 인도 조건으로는 발주처 전문가들이 적극적으로 개입하는 혹은 주관하는 일정인 스타트업 이전에 프로젝트 인도가 이루어질 수 있도록 협상이 필요하다. 프로젝트 인도는 프로젝트의 소유와 관리 책임의 주체가 변경되는 이벤트여야 한다. 관리와 소유의 주체가 변경된 이후에도 책임의 주체가 변경되지 않는 모순적인 상황에서 불확실성이 가중되지 않도록 유의해야 한다. 따라서, 기술적인 요구 조건에 대한 구체적인 갑론을박 이전에 인도에 대한 원칙을 사전 합의 해 놓는 것은 의미 있는 활동이며, 이러한 접근을 통해 목표와 다른 업무 분장이 결정되는 경우에도 대응의 다양성과 절충의 공간이 확보된다. 또한 성능 점검은 EPC기업이 일상의 기업

활동으로 준비가 가능한 수준으로 합의되어야 하며. 장비 제조사와의 협업과 지원은 기술적 배경을 구성할 수 있는 필수적인 요소이다. 극한의 상황에서 장비의 피로 발생 우려가 있거나 성능 시험을 위해 막대한 예산이 요구되는 경우 방어가 필요하며, 이를 위해 입찰 단계일지라도 구체성이 결여되지 않도록 주의해야 한다.

건조 위치와 설치 위치가 다른 프로젝트의 경우 설치 위치의 날씨와 기후 환경 등이 시운전 등을 위해 건조 위치에서 구현되도록 요구되는 경우 건조 품질과 성능 검사 준비를 개별적으로 평가하여 가격 산정에 있어서 불확실한 업무 범위가 포함되지 않도록 주의가 필요하다. 주요 성능은 주요 장비가 필수적으로 포함되는 환경이며, 주요 장비의 성능 시험이 이상적인 테스트 환경인 제조사에서 최대한 이루어지도록 조치하는 것은 중요하고, 가능하다면 개별 장비를 포함하는 시스템의 성능을 점검하는 의미보다 시스템 속에서 개별 장비가 계획된 역할을 수행 하도록 영점 조절(Calibration)에 목표를 두고 건조가 완성된 프로젝트의 속성을 확인하는 의미로 진행할 수 있도록 유도하는 것이 필요하다. 또한 EPC 기업의 효율적인 자원 활용이 가능한 지점에서 기술 조건에 대한 시연이 이루어질 수 있도록 조치가 필요하다. 건조와 설치의 위치가 국경으로 구분되는 경우 설치 국가는 제도와 규칙의 상이, 원거리 지원으로 심각한 효율 저하, 언어 단절, 이해 관계자의 증가 등의 이유로 EPC기업에게 낯선 환경 효과가 극대화 되어 건조 역량은 심각하게 저하되며 때로는 비용으로 감당할 수 없는 행정적 사안에도 직면할 수 있음을 견지하여야 한다.

(2) 행정조건

행정 조건은 기술 조건과 같은 연장 선상에 있기도 하고 상대적으로 독립적인 성격의 것들로 구분할 수 있으며, 기술 조건을 만족시킨 증빙서류 등의 제출은 공중이나 제3자 입회 등 특이사항 위주로 문제점을 발췌하여 대응이 필요하며, 기술조건 만족과 미달을 판단하는 주요 당사자인 발주처와 의무를 나눌 수 있도록 노력하는 것이 필요하다. 가령, 프로젝트 설치 예정지의 소속국가 공무원의 입회가 필요한 경우 발주처 주관으로 검사 초청이 진행되도록 요청해 볼 수 있다.

독립적인 조건들의 경우 건조 장소를 벗어나 설치 장소로 이동하기 위해 국제기구 혹은 설치 국가에서 요구하는 조건들에 대하여 기존 경험을 기준으로 위험성을 판단할 수 있다. 행정조건 중 EPC 기업에게 가장 부담으로 작용하는 두 가지는 No Punch(품질 하자)와 Final Engineering Document(도면 및 기술 문서의 최종화) 제출 완료 등을 사례로 들 수 있다. EPC프로젝트에서 품질 하자는 절대적 기준이 아닌 검사자의 시각에 따라 판단되는 경우도 다반사이며 프로젝트 기간과 규모를 감안할 때 시간 경과에 따른 자연스러운 성능 저하 등이 부분적으로 발생하는 것을 포함하여 하자로 처리하기도 한다. 이러한 프로젝트 환경을 이해하면서도 공장형 제조업에 적용되는 기계적인 책임의 구분을 기준으로 행정적 인도 조건에 포함시키는 경향이 다분하며 EPC기업은 상황에 따른 대응으로 관리해 나가는 현실이다. 인도 조건에 이러한 배경의 하자 항목들이 포함되지 않도록 일차적인 방어가 필요하며, 커미셔닝 등 기능 검사 진행을 위한 방해요소가 아닌 경우 프로젝트 인도의 방해 요소가 될 수 없음을 주장해야 한다.

Final Document는 모든 기업이 판매 전략의 일환으로 강화해 나가야 하는 분야이다. 계획과 결과를 문건으로 정리하는 것은 데이터베이스 보다 큰 의미를 가진다. Document는 데이터 베이스를 기반으로 목적과 배경이 추가된 해당 목적물의 서사적 완성이며, 작성자 및 검토자 적시를 통해 책임의 소재를 분명히 하고, 날짜와 참고 문헌 등의 표시를 통해 기술적 논리적 맥락을 연결하고, 해당 내용의 가치를 표현하는 품질의 결정판이다. 따라서, Final Document의 품질은 EPC프로젝트의 품질을 증명하는 주요 방안이며 발주처 포함 외부 평가자들의 주요한 평가 지표이기도 하다. 훌륭한 Document는 기업의 이미지를 반영하는 긍정적인 착시가 있고 역량을 홍보하는 최고의 수단으로 성장 전략의 일환으로 의미있는 노력이 요구되는 부분이기도 하다. 다만, 계약서 협의 시, Final Document제출이 인도 조건으로 포함되는 것은 EPC기업에게 부담이 가중되는 의무 사항일 뿐 아니라 시기적으로도 불가능할 수 있음을 주지 하여야 한다. 오히려 Final Document 제출 계획을 포함시키는 것이 합리적이며, 승인 과정에서 프로젝트 인도에 대한 현실성을 구체화하는 것으로 방향 설정이 필요하다.

(3) 목표 미달 시 예상 시나리오

심각한 하자 혹은 완성율 부족으로 인한 인도 지연 등의 사유로 인도 조건에 미달 되는 경우, EPC기업의 일방적인 책임 확산으로 이어지도록 설계되는 것이 보통이다. 인도 조건 협의 시, 발주처의 주요 쟁점은 행정적인 요건보다 성능 미달 포함 기술적인 사항

위주로 구성되나 EPC기업은 대금 지급, 보증 및 보험 연장 등 비행정적 요소도 함께 고려하며 대응해 나가야 한다. EPC기업이 기술적 인도 조건 미달 시 예상 시나리오를 결정할 때, 발주처와 함께 완성해 온 프로젝트라는 사실을 간과해서는 안 된다. 성능 시험을 통해 기술적으로 추가 개선이 요구되거나 건조 과정의 하자를 발견하는 경우 상황을 구분하여 책임 소재를 결정하는 노력이 필요하다.

　인도 조건으로서 프로젝트 성능은 프로젝트 마지막 단계 에야 비로소 확인할 수 있는 환경이 조성되고, 개별 장비 및 시스템이 하위 단계에서 내구성 포함 성능의 점검을 완료한 후에 진행할 수 있는 이벤트이다. 계약 당사자 간 기술적 협의의 결과일 뿐 아니라 필요한 검사와 인증이 단계별로 이루어진 결과물에 대해 계약 일방에게 성능미달의 책임을 부가하는 것은 다른 일방의 프로젝트 참여 활동을 스스로 부정하는 것으로 성능 미달이 인도를 위한 절대적인 조건으로 결정되지 않도록 주의가 필요하다. 성능 미달 포함 인도 조건의 모든 항목이 100% 달성을 기준으로 삼는 것이 아니라 항목별 배점과 계수를 설정하여 일종의 합격선 설정을 제안해 보는 것이 프로젝트 계약의 특성을 더욱 잘 반영하는 기준이라 할 수 있다. 하자의 경우에도 수리의 범위가 이미 품질 보증이 이루어진 영역을 포함하는 경우 계약 당사자 간 책임이 일방적일 수 없다는 전제로 협의가 이루어져야 한다. 이미 품질 보증이 이루어진 영역에 대해서는 하자 수리의 영향성을 개량하여 최소한 기간 초과에 대한 페널티는 피할 수 있는 장치를 요구하고 추가 비용 또한 비율적 분배가 가능하도록 유도하는 것이 필요하다. EPC기업이 수리 범위를 최소화하기 위한 자기 주도권 확보 또한 주요 사항이라 할 수 있다.

프로젝트 목표에 미달하는 경우 자동적으로 추가 의무가 발생되는 구조를 피할 수는 없지만, 의무의 범위와 조건을 추가하여 불확실성을 최소화하고 위험 범위를 확정해 나가는 노력은 인도 조건을 포함 모든 영역에서 요구된다. 특히, 소모성 자재의 경우 품질 검사가 완료된 이후 프로젝트 인도와는 별개로 수리 부속의 교환 등이 발주기업에게 책임하에 진행되도록 계약 당사자 간 의무 설정의 변화도 요구된다. 앞서 언급한 것처럼 EPC프로젝트는 발주처와 협업을 통해 목표한 성능의 기반 시설을 최초로 건조하는 도전적인 시도로써 목표 성능을 기준으로 합격·불합격을 판단하는 형식이 아니라 최종 성능을 사양화(Specificate) 하는 기술적 시도가 인도 조건으로서 더욱 합당함에 유의하여 협의를 진행해 보길 제안한다.

(4) 목표 달성 시 예상 시나리오

기술적 그리고 행정적 인도 조건이 증명되고 계약 당사자 간 합의가 이루어진 경우, 인도 후 하자 보증, 보안 유지, 지적 재산권 등 특별 예외 조항을 제외하고, 대금 지급, 보증, 보험 등 모든 계약적 책임이 불가역적으로 완료되는 구조에 합의되도록 노력이 필요하다. 계약금의 일정 부분 혹은 프로젝트를 위해 발행한 보증 의무를 하자 보증 완료 시점까지 또는 발주처가 주관하는 사전 운전 완료 시까지 유예하여 EPC기업의 부담이 인도 후 일정 기간 이어지도록 요청하기도 하나, EPC기업은 사안별로 대응하기 보다 예상 책임의 규모를 현금 가치로 환산하여 총액 측면에서 대응하는 것이 EPC기업이 목표로 하는 합의의 가능성을 높이는 방안이다. 또한 EPC기업만의 관점을 넘어 관계 기관의 이해관계를 함께 고려하여 대응하는 것도 전략적 방법이 될 수 있다. 이행 보증의 경우 보증 기관인 일급은행(First Degree Bank)의 보증 정책과 연간 보증 가능 규모 등에 영향을 미칠 수밖에 없으며 공사 인도가 완성된 이후에 발행되는 하자 보증 규모의 상한선이 설정되어 있는 경우 과다하게 요구되는 보증 규모를 제한하는 근거로 사용할 수 있다. 요구되는 인도 조건의 완성이 이루어진 즉시 프로젝트에 대한 점유, 통제, 유지 및 보수의 주체가 EPC기업으로부터 발주처로 이관되므로 프로젝트 가격의 마지막 대금은 평균 결재 기간을 소진하여 지급되는 경우가 발생하지 않도록 주의한다. 따라서, 마지막 대금은 에스크로 계정(Escrow Account) 등을 활용하여 미리 특정 은행에 예치하고 인도 조건 증빙과 함께 인출이 가능하도록 제안해 볼 수도 있다. EPC기업이 프로젝트 완료 후에도 책임이 유지되는 예외 사항 협의 시, 일차적으로 지속적 비용 투입이 요구되는 항목은 배제시키는 노력이 필요하며, 제삼자 클레임 등 불확실성 혹은 위험 요소에 대비하기 위해 책임의 한도를 금액으로 설정하는 노력이 요구된다. 프로젝트 인도를 통해 EPC기업은 프로젝트 건조계약에서 요구하는 모든 의무 조항을 이행함으로써 자기 주도적 업무 범위는 완료되고 약속된 기간 동안 하자 보증의 서비스 제공자로서 대응의 의무만 개시되는 시점이다. 회계상으로도 프로젝트 인도와 동시에 하자보수 충당금을 회계 장부에 채무(Liability)로 남겨 최소한의 대응력을 유지하고, 프로젝트 손익계산을 위한 정산을 마무리 할 수 있는 시점으로 해당 이벤트를 해석함에 있어 모호함을 제거하기 위한 최고 수준의 노력이 요구되는 조항이라 할 수 있다.

가격 전략(Commercial Proposal)

가격은 영업 시장, 조달 시장, 노동 시장, 기업 전략 등 EPC프로젝트를 요구하고 EPC프로젝트를 구성하는 유관 산업의 변화와 방향성에 따라 영향 받는 구조이나 통제와 조정의 범위가 제한적이고 경쟁과 제조업 기반의 견적 방식으로 우수한 품질의 가격을 제안하지 못하고 영업이익의 크기를 결정하는 것이 가격 전략과 동일한 의미와 가치로 이해될 만큼 초보적인 수준이라는 평가이다. EPC 기업의 성장과 성공을 위해서 반드시 변화와 개선이 필요하지만 효과적인 방안 확보에 어려움을 겪고 있는 현실이다. 가격을 결정하는 일련의 행위는 그 자체로서 전략과 기술이 필요하지만 결국 기술 제안서의 통화 버전임을 염두에 두어야 한다. 비용은 효율에 반응하고, 비용 외 가치도 가격의 구성 요소이다. 따라서 프로젝트를 구성하는 서비스의 비용 요소를 구분하여 각각의 효율을 재고하며 가치의 비용화를 고민하는 과정과 이익을 반영하여 가격을 결정한다. 일련의 과정은 시간 순으로 독립적이기 보다 상호 연관성을 염두에 두는 것이 중요하고, 하의상달식의 형태이지만 프로젝트에 대한 이해와 경험 기반의 주관적인 지표를 토대로 상의하달식으로 가격을 미리 책정해 보는 통찰력이 필요하며 두 방식의 수렴도를 기준으로 가격의 신뢰도를 스스로 평가해 볼 수 있다. 비용은 우선 제조 활동 관련성에 따라 재료비, 노무비, 경비 등의 제조원가와 판매관리비 등의 비제조 원가로 구분하고 가격 결정 전략과 무관하게 기본 정보를 제공한다. EPC프로젝트 별로 차이가 있을 수 있지만 프로젝트 효율을 개선하는 노력의 일환으로 원가 요소별 특성을 파

악하고 대응을 넘어 가격 결정의 주도권 확보를 목표로 필요한 활
동들은 다음과 같다.

조달 비용: 프로젝트 수행에 필요한 자재와 장비를 확보하기 위
해 소요되는 비용으로 전체 EPC 비용의 최소 과반을 넘어 프로젝
트 상황에 따라 70% 이상을 차지하기도 하는 분야이며, 수백 개의
장비 제조사를 상대로 일률적인 조건을 적용하는 것은 불가능에 가
까운 분야이기도 하다. 그럼에도 EPC기업은 장비와 자재 조달 계약
추진 시, Liability 조항을 통해 가격의 합리성을 모색하는 방안이
필요하며 납품이 아닌 프로젝트 참여의 개념으로 포지셔닝이 필요
하다. Liability는 EPC계약에서와 동일하게 장비제조사가 제공해야
하는 제품과 서비스에 더하여, 계약 기간 동안 장비 제조사의 이행
의무를 적시한 Guarantee and Warranty를 포함한다. 기간에 따른
품질의 완성도와 수준을 결정하고 계약 당사자 간 협업의 과정을
통해 장비 제작뿐 아니라 EPC기업이 수행하고 있는 상세설계의 완
성도에 기여하는 것을 조건으로 합의하는 것이 필요하다.

계약 당사자 간 정보 제공자와 정보 수혜자의 역할은 사안에
따라 바뀌지만 정보 교류의 리더십은 일방의 역할로 설정하는 것이
최선이며 EPC기업의 관리적 역량 개선이 요구되는 분야이기도 하
다. 이를 위해, 궁극적으로 프로젝트 요구에 부합하는 것이 개별 조
달 계약의 목표이며 Due Diligence 의무와 해당 조달 계약의 기술
적 상세는 어느 정도 불확실성을 내포하고 있음에 합의가 필요하다.
또한 장비 제조사가 원자재 조달, 장비 제조 설비의 생산 능력, 설
계 능력 등 장비 제조 가격에 영향을 미치는 주요 변수와 상응하는

가격 탄력성을 함께 파악하는 노력이 필요하다. 궁극적으로 장비 제조 시점에 따라 가격 변동성 유무를 확인하고 의미 있는 자이가 확인되는 경우 EPC기업의 선택의 대상이 될 수 있는 지 등을 기술적으로 점검하는 과정이 계약부터 실행 기간 동안 끊임없이 지속되어야 한다.

주요 장비의 경우 건조 현장에 파견되어 EPC기업의 생산과 시운전을 지원하는 FSR(Field Service Representative)와 관련해서는 프로젝트당 수백 억이 소요되는 분야로서 장비 제조사 스스로 해당 계약 내에서 독점적 지위를 만들고 비현실적으로 높은 단가에 대해 EPC기업이 시장 환경으로 받아 드리도록 목표하였고 지금은 다수의 침묵을 지지로 해석하며 시장 가격으로서 당당히 자리 매김에 성공하였다. 여전히 과점시장에서 활동하는 장비제조사의 경우 EPC기업은 시장 점유율 증가를 위한 배후 세력으로 혹은 시스템 Integrator로서 서로 간 이해관계 확인을 통해 가격 개선의 수단으로 활용할 수 있는 분야로 목표할 수 있으며, 독점 시장을 구축한 장비제조사의 경우 발주처와의 협업을 통해 가격 통제력을 확보하거나 혹은 EPC프로젝트 외 범위로 구성하는 전략이 필요하다.

경비성 비용: 상세설계, 운송 및 설치, 설치 지역 시운전 등은 계약 요구 조건에 따라 하청계약을 통해 필요한 서비스를 확보하며, 전체 EPC비용 대비 15~25% 정도를 차지하는 분야이다. 그중 상세 설계는 EPC프로젝트의 필수 항목으로 기업이 추가로 화보하고자 하는 역량의 1순위로 거론되는 분야이기도 하다. 장기적으로 필요한 자원을 수직 계열화하여 프로젝트 관리와 비용의 안전성의 도모

를 계획할 수 있지만 EPC시장의 특수성을 고려해 볼 때 성공가능
성이 크지 않으며, 오히려 고도의 관리 기법과 시스템, 관리 가능한
전문가 확보를 통해 설계 하청사의 실적을 최대화 하는 것이 현실
적인 방안이다.

상세설계는 장비 조달 혹은 다른 서비스 영역과 달리 시간에
비례하여 서비스의 성과가 누적되고 최종 완료 전에 생산되는 모든
결과물도 나름의 의미와 가치를 지닌다는 특징이 있다. 따라서, 객
관적 달성율 집계가 가능한 시스템의 도입이 우선 필요하고
Payment 조건으로 활용하는 등의 관리 방식을 도입하는 것이 필요
하다. 예를 들어 상세설계에 필요한 엔지니어의 확보, 상세설계 수
행 전략의 일관성, 주요 장비 제조사에서 제공하는 설계 정보의 반
영 현황, 생산된 도면 및 계산서의 출도 및 승인율, 모델 리뷰 등
건조와 시운전을 위한 준비 현황 등의 달성율에 따라 Payment를
요청할 수 있는 자격을 부여하고, 불만족 시, Penalty 항목이 작동
할 수 있는 근거를 계약적으로 확보하는 것을 말한다. 모든 의사 결
정의 기술적인 배경에 대해 상세를 확인하고 근거를 확보하는 것도
필요하지만 일정 준수와 프로젝트 수지를 개선하는 계약 변경의 정
보 제공자로 활용도를 높이는 노력이 필요하다. 대한민국 EPC기업
에게는 상세설계의 품질이 프로젝트의 품질과 동일하게 평가될 정
도로 중요도가 높다고 할 수 있다. 따라서, 목표 달성의 객관적 확
인을 통해 달성율 승인이 가능한 시스템의 개발과 도입은 상세 설
계 하청사가 제안한 가격을 통제하고 가격 조건을 협의하기 위한
필수 장치임을 유념해야 한다.

노무비용: 생산설계, 건조, 시운전 등 EPC기업의 자기 소유 혹은 통제력이 높은 사내 협력 업체의 노동력이 투입되는 분야로 전체 EPC 비용 대비 10~20% 정도를 차지하며, 주요 자재와 장비, 설계 하청사 등이 세계적으로 단일화된 공급 시장을 형성하고 있다는 전제로 EPC기업 간 객관적 차이를 확인할 수 있는 유일한 분야이기도 하다.

기술력과 경험이 부족한 EPC기업의 경우, 저임금 저효율 인력 구조 및 노동력 기반의 건조 시설을 보유하고 있는 반면 대한민국 EPC기업의 경우 고임금 고효율 인력 구조와 시스템 기반의 건조 시설을 보유하고 있어 건조 프리미엄을 요구한다면 그 대상이 되는 분야이기도 하다. 미국과 유럽 소재 EPC기업들도 아시아 주요 개도국 소재 건조 설비를 확보하여 비슷한 효과를 기대하고 있고 궁극적으로 그들의 관리기법이 어우러져 대한민국 EPC기업과 기술적으로 동등한 조건임을 홍보하고 있기도 하다. 하지만 안전과 품질 측면에서 건조 분야는 해외 경쟁 EPC기업들과 절대적 비교 우위에 있음을 쉽게 확인할 수 있고 가격의 차이로 인정받기 위한 활용도를 높여야 하는 분야이다. 프리미엄의 크기를 객관화하기 위해 설비와 인건비의 구분을 고려해 볼 수 있다. 프로젝트의 속성과 특징에 따라 EPC기업이 소유하고 있는 설비의 사용 시간과 단가를 표준화하여 인건비와 구분하면 단위 인건비의 경쟁율도 확보하고 설비의 차이를 가격으로 인정받는 단서가 될 수 있으며, 계약 변경 등의 원가 산정 시에도 프로젝트 수지에 도움이 되는 방향으로 가격이 책정될 수 있다. 대한민국 EPC기업들은 이미 고비용 구조라 평가하는 시각도 있으나 그 규모가 전체 프로젝트 기준 최대 2~3%

수준이며 영업 이익 등을 일정 부분 포기하고 경쟁에만 동화되기보다 차이와 분석을 통해 품질에 기여하는 필수 비용임을 홍보하고 설득하는 노력이 필요하다.

위와 같이 기본적인 비용을 구성하는 주요 요소들에 대하여 구매자로서 가격 인하에만 초점을 두어 협상을 진행하는 것은 한계가 있고 EPC기업으로서 비용을 유발하는 대상을 어떻게 정의하고 포지셔닝 하느냐에 따라 합리적인 가격 수준에 도달하는 해법이 될 수 있다. 이 밖에 별도의 비용 투입이 예상되지만 크기를 가늠할 수 없는 불확실요소에 대해서는 EPC Lumpsum의 부분으로 포함되지 않도록 확실한 의사 표시가 필요하다. 발주처와 구체적인 사례 연구를 통해 불확실성이 해소되는 부분을 경계로 가격 포함여부를 결정해야 한다. 불확실성은 농도와 무관하게 발주처와 협업의 대상이며 EPC기업은 필요한 자원을 가용한도 내에서 확보하는 역할을 초과하는 의무와 책임에 대해 신중한 접근이 필요하다. 파악된 프로젝트 위험요소(Risk Elements)들에 대해서는 최종 가격 반영을 위해 최소비용(Best)과 최대비용(Worst) 시나리오 중 선택의 문제가 있으며 제출 가격 결정 시 최소비용 기준으로 반영하고 추가 발생에 대해서는 비용 보상(Cost + Mark – up) 조건이 적용할 수 있도록 노력이 필요하다. 계약자로서 실행에 대한 담보와 도덕적 해이 문제에 대한 관리 방안 등을 함께 제안하여 무게를 더해가는 전략이 필요하다. 가격을 결정하는 과정 및 직접 비용을 유발하는 요소들에 대해 제조업 관점이 아닌 프로젝트 관점의 접근이 요구된다. 가격의 규모는 독립적인 요소가 아니라 실행계획의 통화 버전이고 계약조건과 함께 평가받아야 하는 대상임을 유념하고 EPC Lumpsum의 기본 취지에 따라 위험요소 등을 객관화하는 기술과 비용 유발 항목 들의 속성과 특징에 따른 새로운 해석의 기준 위에 가격이 책정될 수 있도록 조치가 필요하다.

CHAPTER 03

관리의 원칙

관리의 원칙

조건은 타협의 대상이 아니다. 건조에서 타협은 가족 간 채무 연대 보증과 다름없다. 타협하는 순간 EPC기업의 최고 장점과 역량도 급격히 빛을 바랜다. 건조 전문성을 실현하기 위해서는 이면의 필수 조건이 있다. **조건과 타협하는 대신 조건을 확보하는 것에 목표**가 있어야 한다. EPC프로젝트의 건조는 아름다운 공연과 같다. 음악과 의상 없이 막을 올릴 수 없고, 부족해도 결과는 불을 보듯 뻔하다. 어떤 이유로든 공연이 늦어졌다고 약속된 잔여 과정을 급조해서 각색하는 것보다 계획된 속도로 공연을 완수하는 것이 바람직하다. EPC프로젝트의 건조는 완벽한 음식을 요리하는 것과 같다. 좋은 재료가 있어도 정해진 순서와 계량에 실패하면 요리도 재료도 되돌릴 수 없다.

프로젝트 관리

프로젝트 수주가 결정되면 계약 후, 계획에 따라 일정이 시작되며, 필요 자원(Resource) 동원 및 상세 활동에 대해 정기적 PDCA(Plan, Do, Check, Adjust)의 무한 반복을 통해 결과물을 만들어 낸다. 기업의 목표는 한결같다. 입찰의 목표는 수주이고, 프로젝트가 시작되면 계획대로 실적을 달성하는 것이 목표이다. 지난 20년간 EPC 시장에서 수주 총액은 해외 EPC업체들과 비교해도 뒤지지 않을 실적이 있었지만, 프로젝트 수행의 실적은 좋지 않았다. 하지만, "수주 실적을 만들어낸 조직의 성과는 우수하고 저조한 수행의 실적을 기록한 조직의 성과는 열등 하다"라고 말할 수 없는 이유는 계약 자체의 구조적 문제가 기여하고 있는 부분이 있기 때문이다. 힘든 입찰 과정을 통해 프로젝트 수주에 성공하여 매출이 발생하도록 기여했지만, 기존의 관리 시스템으로 목표 수익을 발생시킬 수 있는 수주 품질을 확보하지 못한 사례가 있음을 부정할 수 없다. 계약이 이루어지고 나면, 계약 금액을 기준으로 투입 자원의 규모를 결정하고 납기 일정에 따라 자원의 투입 시간표를 결정한다. 이러한 일련의 과정이 다른 산업과 크게 다르지 않다고 느낄 수 있다. 하지만 EPC프로젝트는 계약 개시가 이루어진 이후 진행되는 상세 설계 과정을 통해 조달과 건조의 규모와 난이도를 확정할 수 있다는 불확실성을 내포하고 있다. 상세설계 과정도 설계하청사, 발주처, 주요 장비업체 등 이해관계자 간의 정보와 요구가 어우러져 의사 결정을 통해 방향을 결정하고, 모든 사안에 대해 이해관계자 간 조정과 통제와 재협의 과정을 통해 방향과 방법을 수정하길 반복한

다. 불확실성의 범위가 예산과 일정에 영향을 미칠 정도인지 아닌
지 초반 예측이 어렵고, 이러한 변동성은 보통 계약 조건에 따라 비
용의 근거를 마련하지 못하고 EPC기업의 관리적 리스크로 간주되
어 프로젝트 수행의 어려움이 가중되는 결과가 초래되며 계약자 간
책임의 불균형이 발생하는 지점이기도 하다. 계약 당사자인 발주처
는 상세설계 단계에서 의견 제시의 형태로 방향성과 일정 등 주요
결정에 영향을 미치고, 결과적으로 발생할 추가 투입 비용의 규모
는 염두에 두지도 않는다. EPC프로젝트는 Lumpsum의 굴레에서
의도하지 않게 악용되고 있다. 이러한 환경에서 EPC기업이 자신의
목소리를 높이고, 프로젝트 전 공정에서 잠재되어 있는 불확실성에
대한 책임을 공유하기 위해 관리자의 역량과 조직의 체계가 개선되
어야 하며 리스크가 관리되고 피해 규모를 줄이기 위해 EPC기업이
경쟁우위를 점하고 있는 분야는 그 경쟁력을 유지시킬 수 있는 방
향으로 의사 결정이 내려져야 한다. Lumpsum은 제조업에서 제품
의 가격을 책정하는 것과는 다른 개념이다. 장비제조사가 제공하는
견적 내역서를 기준으로 산정한 재료비, EPC기업의 실적과 전망을
기준으로 산정하는 인건비, 상세 설계하청사 등 주요 서비스 업체
와 협상을 통해 결정된 경비 등의 증빙자료들로 구성되어 있지만
그 이면에 의사 결정의 방향에 따라 발생하는 변동성까지 가격에
포함되었다고 보기 힘들다. 오히려 Lumpsum 가격은 프로젝트를
구성하는 모든 공정들이 계획에 따라 필요한 자원이 투입되고 항상
올바른 의사 결정이 이루어진다는 최고의 시나리오를 전제로 결정
되며 시작부터 불확정 요소가 산재한 프로젝트의 속성을 반영하지
못한 구조라 할 수 있다. 그럼에도 계약 조건에는 EPC기업이 기준

으로 삼았던 프로젝트 수행의 시나리오를 벗어나는 경우 발주처와
책임 공유가 어려운 구조로 설계되곤 한다. 하지만, 프로젝트 실행
과정에서 모든 구성원은 비용을 예측할 때 고려했던 시나리오를 벗
어나는 경우 원인 제공에 대한 책임 소재를 따지고 발주처의 반응
이 설령 즉각적이고 논리적으로 EPC기업의 책임임을 주장하더라도
지속적이고 끈질기게 비용과 일정의 보상을 요구할 수 있는 근거를
찾아보고 발주처의 시각을 변화시키려는 자세가 필요하다. 이러한
이유로 입찰 단계에서 견적 내역서의 가격 결정 시 상세한 시나리
오를 기반으로 작성하는 것은 프로젝트 수행 기간 동안 추가 비용
요구에 대한 근거로 사용될 수 있는 등 치밀하고 전략적인 방안이
다. 또한 계약 이후에 입찰을 주관했던 조직은 실행 조직에게 입찰
의 기준과 가격 연관성을 면밀하게 공유함으로써 프로젝트 수행 기
간 동안 발주처를 대상으로 건강한 협의가 가능한 환경을 조성하는
것이 필요하다. Lumpsum의 기준을 벗어나는 모든 사항들에 대해
서는 레터 등 공식적인 대화 채널을 통해 발주처에게 설명을 제공
하고 필요한 추가 자원을 요청하며, 발주처의 회신이 'Fit for
Purpose of the Project'와 같이 EPC기업의 광범위한 책임을 기준
으로 합의를 거절하는 경우에도 포기보다는 여지를 남기는 운영의
묘가 필요하다. 구체적인 사례 중심으로 기존 Lumpsum의 범위를
벗어나고 있음을 설명하고, 근거가 충분치 않더라도 입장을 설명하
는 내용이면 우선 시작이 가능하다. 이를 위해 계약서를 기반으로
레터 작성이 가능한 포지션을 프로젝트 관리에 필수적 전문 분야로
고려하여 추가 확보하고, 역시 계약서와 프로젝트 이해가 높은 관
리자와 사내 변호사(IN-HOUSE COUNSEL)의 지정을 통해 협업이

가능하도록 조치가 필요하다. 대면 미팅 시에 매번 논쟁을 벌일 이유도 없다. 레터 사용의 이점은 스스로 작성한 문서임에도 참고자료로서 반복적 인용이 가능하다는 것이다. 미팅 시, 단호한 언어를 사용하기 보다 레터에 기술된 내용을 제기하고 설사 논리적으로 약한 부분이 지적되어도 추가 검토를 약속하고 포기보다는 지연을 선택하는 것이 현명하다. 개별적으로 발송했던 비슷한 종류의 레터는 분기별 혹은 일정 기간 마다 종합하여 다시 한번 발주처의 주의를 환기하고 여전히 쟁점이 있음을 제기하는 것이 필요하며 정중한 언어로 합의를 유도한다. 레터 발송의 수신은 계약서 합의대로 단일화되어 정해져 있지만 계약 당사자 간 주기적으로 이루어지는 미팅에서 연관성이 있는 경우 언급을 주저해서는 안 된다. 프로젝트 컨트롤러, 프로젝트 매니저, 프로젝트 디렉터 등 자기의 위치에서 대화 상대자와 관련 사항에 대해 동일한 논조로 사안이 다루어 져야 하고 기술적인 협의 시에도 Lumpsum의 범위를 벗어난 실적에 대해 기 발송된 레터를 참고로 발주처의 반응을 살펴가며 마찬가지 노력이 필요하다. 이러한 활동을 위해 EPC기업 내부적으로 일관성을 유지하며 내용과 주장이 전달되도록 정보 및 조직 관리가 필요하고, 사안을 바라보는 조직의 전문성에 따라 동일한 맥락임에도 서로 다른 초점으로 접근이 가능한지 확인해야 한다. 요청 사항이 조직적인 노력의 성과로 발주처와 합의까지 이르기 위해서는 EPC기업 내부적으로 조직 간 정보의 손실과 누락이 발생하지 않도록 주의해야 한다. EPC기업이 매일 혹은 정기적으로 실시하는 내부 미팅의 주요 사안 중의 하나로 다뤄져 현안에 대한 해법을 위해 노력함과 동시에 전 공정에 속한 주요 직원들(Key Person)이 계획 대비 추가로 집행되는 시간과 비용에 대해 발주처와 공유할 수 있는 사안임을 설득력 있게 주장하기 위한 훈련으로써 기능도 제공한다.

　　관리는 EPC프로젝트를 수행함에 있어 기업의 역량을 제대로 발현하는 도구이며, 그 목적과 단계에 따라 ① 기존 계획을 실행하는 일상적 관리와 ② 변동성에 대응하는 대응적 관리 및 ③ 변동을 억제하는 선제적 관리 등으로 구분할 수 있다. 일상적 관리는 보고와 품질 검사로 결과를 도출하는 반면 대응적 혹은 선제적 관리는 발주처 등 서로 다른 이해관계자가 협의의 대상으로서 존재하여 공동의 노력으로 합의에 이르도록 유도하고 일상적 관리의 범위에 포함되도록 조치하는 것으로 관리의 목표가 설정된다. 건조 혹은 조달의 과정 중 일상적으로 관리되던 사안이 품질 결함 등이 발견되면 대응적 관리 항목으로 그 성격을 변경하여 새로운 대안을 도출해야 하고, 결국 일상적 관리로 돌려보내는 것이 대응적 혹은 선제적 관리의 목표임을 주지해야 한다. 앞서 언급한 Lumpsum의 기준을 초과하는 공법이나 기능, 소요 자재 추가 발주 등에 대해 책임의 원인을 밝히고 추가 보상을 요구하는 행위는 선제적 관리의 사례이며, 발주처와 이견 발생 시, 합의에 가장 어려움을 겪는 분야이다. 그리고, 관리 방식에 따라 요구되는 역량도 달라짐에 주의하여 관리자를 선정한다. 일상적 관리는 해당 분야의 경험과 지식 수준에 의존해서 수행되고, 대응적 관리를 위해서는 대상 항목에 대한 비용 분석이 가능해야 하며, 선제적 관리를 위해서는 계약서를 기준으로 계약 당사자 간 업무 범위와 책임의 한계 등 계약서의 언어를 이해할 수 있어야 한다. 또한 부서와 공정 등 EPC기업의 기존 조직과 구성을 기준으로 프로젝트의 관리 범위를 구분하는 것을 지양해야 한다. 전통적인 EPC기업의 조직과 구성은 자기 분야의 독립성과 전문성을 더욱 부각시키는 방향으로 운영되며, EPC프로젝트와 같이 계약 당사자 간 협의와 합의를 통해 방향성을 결정하고 불확실성을 해소해야 하는 특수한 환경에 적합하지 않은 구조임이 수행 결과를 통해 어느 정도 드러났다. EPC프로젝트 수행을 위해서는 유사 기능과 인접한 공정이 단일 의사 결정 구조로 유지되는 것이 낭비요소를 줄이고 합리적 결정이 가능하도록 배경을 제공할 수 있다. 의사 결정은 산업의 경계를 불문하고 중요하다. 따라서, 의사 결정의 오류를 줄이기 위해 기업마다 지침을 제공하고 표준화를 통해 정형화된 시스템의 일부로 정착하도록 노력하고 있지만, EPC프로젝트 수행과 관련하여서는 시작부터 불확실성을 전제하고 각각의 의사 결정이 리스크 기반으로 이루어져 정형화 자체가 불가능한 환경이다. 리스크 기반의 의미가 의사 결정에 참여하는 직원들의 경험치와 적용의 능력에 따라 동일한 사안임에도 다른 결론이 도출될 수 있음을 인정하는 방식이기 때문이다. 따라서, 효과적인 의사 결정을 위해 관리의 단위와 범위를 정비하는 것은 도움이 된다. 작은 관리 단위에서 프로젝트 수준의 단위까지 의사 결정은 일상이며 사안과 이해 관계에 따라 때로는 서로 다른 방향성으로 프로젝트 효율을 반감시키는 사례도 있다. 의사 결정의 품질은 참여하는 직원들의 역량과 목표가 가장 중요한 요소이긴 하지만, 관리의 단위와 범위 등 환경적은 요소도 효율을 높이는 도구로 활용될 수 있다.

프로젝트 단계 설정

EPC는 필요한 프로젝트의 구성 요소를 문자 그대로 표현하고 있고, EPC기업은 프로젝트 수행을 위해 필요한 자원(Resource)을 기 확보하고 있거나 외부 조달 등을 통해 확보하고 있으며, 해당 업무 간 발생하는 교류와 간섭 등이 전체 프로젝트 운영에 지장이 없도록 시스템을 구축하고 조직을 구성하는 등 노력하고 있는 것이 현실이다. 수십 년간 EPC프로젝트 수행을 위해 설계, 조달, 건조 등에 필요한 요소 기술을 확보하는 것만큼 업무 간 간섭과 이해관계를 통제하고 조정하는 일이 중요함을 알게 되었다. 직관적으로 보면, 설계(Engineering), 조달(Procurement), 건조(Construction) 등의 업무는 시간의 순서로 직렬 연결성을 가지고 있다.

좀 더 자세히 들여다보면 각 단계별로 수많은 하위 업무와 실행 조직이 구분되어 존재하며, 각 기능과 조직 간의 직렬 연결성은 업무를 세분화해서 드려다 볼 수록 더욱 두드러진다. 스케줄러(Scheduler)에 의해 작성되는 바 차트(Bar Chart) 형식의 프로젝트 일정표는 관리의 주요 도구로서 상세 정도에 따라 1~5 단계로 나누어 구분되며, 주요 일정(Key Milestone) 위주의 1단계 일정(Level 1 Schedule)에서는 설계·조달·건조의 일정이 어느 정도 겹쳐지는 구간이 표현된다. 하지만 가장 작은 단위로 세부 공정까지 표현한 5단계 일정에서는 겹쳐지는 구간 없이 선행과 후행 간 뚜렷한 시차를 두고 연결되어 있음을 확인할 수 있으며 이를 통해 선행이 후행의 필요 조건임을 확실히 하고 있다. 5단계에서는 겹쳐지는 구간이 거의 없음에도 주요 일정표인 1단계에서 공정 간 겹쳐지는 구간이 표현됨으로 시간의 직렬 연결성이 결여되는 구간으로 오해할 여지가 있지만 왜곡된 해석은 경계해야 한다. 다시 말해 상황에 따라 후행을 선행보다 먼저 시작해도 프로젝트 전체 영향성이 없는 구간으로 받아드려서는 안 된다. **디테일(Detail)에 악마가 있고, 큰 그림(Overall One)에는 왜곡 혹은 착시가 있을 수 있음**을 인지하여야 한다. 상세 일정의 사례와 같이 EPC프로젝트는 건조가 개시되면 시간에 따라 결과물을 쌓는 방식으로 공정이 이뤄진다. 선행의 결과가 없으면 후행의 공정 개시가 존재할 수 없다. 선행의 완성은 후행의 필요 조건이다. 치환이 매우 어렵고, 선행 없이 후행을 먼저 쌓는다 해도 언젠가 미 완료된 선행은 공정을 완수해야 하고, 이미 실행했던 후행을 허물고 다시 쌓는 등 견적 내역서 작성 시 고려하지 못했던 추가의 부담이 발생하며 다시 쌓는 경우 동일한 업무가 반복되는 낭비일 뿐 아니라 기존 생산성과 비교 열위에 있어 수익 구조에 이중으로 나쁜 영향을 미치는 대가가 따르기 마련이다. 시간적 순서에 입각하여 프로젝트를 수행해야 하는 것은 공장형 제조업을 포함한 어느 산업에나 적용되는 사안이다.

반면, EPC프로젝트가 다른 산업과 특별히 구분되는 점이 있다면 변동성을 들 수 있다. 계약의 목표는 상수인데 반해, 상세 설계의 과정과 조달 시장 혹은 EPC기업의 내부 전략에 따라 건조 계획이 바뀌고, 부분적으로 수없이 많은 개정이 일어나고, 전문가들의 임기응변적 판단이 프로젝트 주요 공정의 한 축을 담당할 만큼 가변적이다. 이러한 변동성은 앞서 언급한 대로 모든 판단이 기술적 배경에만 의존하는 것이 아니라 리스크를 기반으로 의사 결정이 이루어지기 때문이다. 리스크는 표준화된 기준이 아니고 보는 사람의 시각과 경험과 설득력에 따라 기준과 대책의 방향과 목표가 다르게 설정되는 매우 가변적인 방식이며 따라서 리스크는 대응의 대상이 아니라 주도적 관리의 대상으로 이해해야 한다. 리스크 기준으로 사안을 판단하는 것은 필연적이고 EPC프로젝트의 주요 특성으로 그 기준과 환경을 조성하는 사람과 조직의 정비를 통해 더 나은 성과 달성을 위한 도구를 제공하는 것이 필요하다. 선행의 업무가 끝나지 않으면 후행의 업무를 시작할 수 없고 프로젝트의 상황상 선행이 끝나지 않았음에도 후행을 먼저 시작했다가 결국 모든 일을 다시 시작해야 하는 경우는 수없이 목격하였다. EPC기업이 시장에서 인류의 문명과 삶에 기여하는 대형 프로젝트의 파트너로서 자리 매김하기 위해 조직과 시스템에 대해 다시 한번 고민해 보고, 우리가 현재 보유하고 있는 전통 제조업 중심의 조직과 사고 방식을 유지해 왔던 것이 그간의 실패를 유발했던 원인 중 하나라는 판단으로 새로운 조직의 구성을 제안하기도 하였다. 동일한 맥락과 목표로서 프로젝트의 단계를 구분하는 관점도 변해야 한다. 조직과 프로젝트의 구성 단계에 대한 개념을 새로이 함으로써 새로운 시각에서 기존과는 다른 프로젝트 수행에 대한 전략 또한 수립이 가능하다. 프로젝트 단계를 구분함에 있어 선행과 후행의 확연한 구분이 필요한 부분은 분명히 존재한다. 하지만 프로젝트 수행 현장에서는 설계가 완료되지 않았음에도 조달이 진행되고, 생산을 시작하고, 필요한 장비가 입고되지 않았음에도 장비 설치 후에 가능한 건조를 먼저 진행하기도 한다. 생산 현장은 먼지와 불꽃 등 위험 요소가 산재해 있음에도 취약한 정밀 장비를 방치하기도 한다. 프로젝트는 시간의 흐름에 따라 순서에 입각해서 새로운 공정을 수행하는 것이 당연하다. 특히, 프로젝트 공정이 지연되는 경우 다양한 회복 방안 (Catch-up Plan)을 고민하기 마련이고, 때로는 계획된 순서를 생략하고 공정 진행을 결정함으로써 잠시동안 공정률 정체가 개선되는 보고서를 작성할 순 있지만, 결국 문제를 일으키고 새로 시작하기 위해 일정 기간의 투입 자원이 매몰 처리되는 손해를 감수해야 한다. EPC프로젝트의 의사 결정 구조가 리스크를 기반으로 진행되는 것에는 반대가 있을 수 없지만 원칙 없이 운영되는 것과 동일시해서는 문제가 된다. EPC프로젝트를 수행하는 관련 조직들이 전체 목표에 역행하는 의사 결정을 못하도록 예방하여야 한다. 몇 가지 조치로 이 모든 것을 해결할 수는 없을 것이다. 하지만, 최소한 관리 단위와 범위, 관리 방안을 새로이 함으로써 하부 공정과 단위조직의 의사 결정이 프로젝트 전체 목표에 기여하는 방향으로 진행될 수 있도록 유도해야 한다. 이를 위해 프로젝트 수행을 기존의 4단계 등으로 구분하는 것보다 준비(Planning)와 건조(Construction) 등 2단계로 구분하여 절점을 관리하는 것에 대해 논의해 보고자 한다.

EPC프로젝트는 크게 설계, 조달, 건조, 품질검사 및 시운전 등으로 이루어져 있고, 세부 공정은 훨씬 다양하며 이러한 기준으로 관리하는 것을 자연스럽게 받아드렸다. 준비(Planning)와 건조(Construction) 등 통합적 구분(4~5단계 업무로 구분하는 단위적 구분과 반대 개념)으로 관리를 제안하는 이유는 프로젝트 인도를 계획대로 실행하기 위해 혹은 프로젝트 지연이나 예산을 넘어서는 실패를 최소화하기 위함이다. 기업의 특성상, 공정 간 그리고 조직 간 경쟁의 요소가 있기 마련이고, 나름의 목표와 평가 기준이 있으며, 때로는 공정 혹은 조직의 목표가 프로젝트 목표와 상이하고 우선하는 경우까지 있다. 수많은 작은 결정의 결과가 프로젝트의 품질로 이어지지만, 프로젝트 목표를 향해 모두 수렴하는 것은 아니다. 때로는 단위 공정과 부서의 평가를 돋보이게 하기 위해 더 큰 목표에 역행하는 결정이 부지불식간 이루어 지기도 한다. 그럼에도 단위 공정 간 조직 간 이기주의라고 치부하기에는 모두에게 억울한 면이 있으며, 모든 기업 구조가 안고 있는 (완전 해결이 불가능한) 태생적인 모순에 기인하는 것이다. 이러한 모순을 개선하기 위해 기업은 정기적으로 조직 쇄신이라는 이름으로 이합하고 집산하는 노력을 꾸준히 하여 상황에 맞는 도구를 제공하려고 노력하는 것이다. 조직 간 이해관계를 어느 정도로 유지하는 것이 좋을지 판단하고 그에 따른 조직이 구성되어야 하며, 특히, EPC프로젝트 수행을 위해서는 준비(Planning)와 건조(Construction) 등 두 단계로 구분하여 운영하는 것이 ① 프로젝트의 목표와 단위 조직 간 목표의 방향성을 동일하게 유지시키고, ② 이해관계가 충돌하는 지점을 두 단계의 중간인 준비완료(Planning Completion)로 유지하여 단순화시키며 ③ 프로젝트 목표와 전략 수립 관점에서 과거 대비 일관성을 유지할 수 있는 기회를 제공하는 것이다. EPC기업 내 진행되는 프로젝트가 다수 존재하고 있다면, 프로젝트 간 자원을 점유하거나 사용하기 위한 이해관계의 충돌이 프로젝트 내부 공정 관점에서만 볼 수 없고, 타공사와 관련성면에서 보다 복잡한 판단이 개입하나 우선 단위 프로젝트 기준으로 판단해 보고자 한다. 계약 서명과 함께 프로젝트 목표 설정이 완료되고, 수정을 위해서는 계약 당사자 간 합의가 필요하여 매우 경직성이 높은 편이고, 공정별 하부 목표는 자연스럽게 상의하달(Top-down) 방식으로 설정된다. 동시에, 하의상달(Bottom-up)

방식으로 수행조직별 목표를 작성하고, 상의하달(Top-down)방식으로 작성된 목표와 비교 분석하여 그 차이를 리스크의 범주로 설정하지만, 주로 조직 단위에서 작성된 목표가 수정과 도전의 대상이며, 발주처와 합의된 계약서를 기준으로 설정된 프로젝트 목표를 수정의 대상으로 삼을 수는 없다. 계약 당시 경쟁과 EPC기업의 매출 목표를 위해 계약 수행에 악영향을 미칠 수 있는 불평등 조건을 감수하였다면, 발주처와 인터페이스(Interface) 밀도가 높은 프로젝트 준비(Planning)기간 동안 계약적 부담을 감소시키고 계약 당사자 간 책임의 균형을 맞추기 위한 시도의 기간으로 활용되어야 하고 무엇보다 프로젝트 건조(Construction)를 위한 준비의 순도를 계약적 부담의 증가 없이 높일 수 있어야 한다.

프로젝트 건조(Construction)를 위해 최소 필요 조건인 ① 상세설계의 적정품질 및 완료, ② 조달의 품질 및 납기, ③ 프로젝트 인도를 위해 건조에 필요한 적정기간 확보 등을 우선 목표로 설정하면서, 준비 기간을 구성하는 모든 공정이 최초 계약 대비 동일한 수준을 유지하거나 조건이 개선될 수 있도록 구체적인 목표와 전략이 필요하다. 각 단계에 소속된 단위 공정과 단위 조직 등은 지적 공동체이면서 성과 공동체로서 서로를 인식하여야 한다. 내부 경쟁의 요소는 준비(Planning)와 건조(Construction) 간 존재하는 것으로 충분하다. 준비(Planning)기간이 지연되어 계획과 달리 건조(Construction)를 위한 일정에 차질이 생기는 등 문제의 원인 제공자가 되지 않도록 노력하는 것이 최우선적인 목표여야 하고, 건조(Construction)는 준비(Planning)기간 동안 도면과 문서로 구체화된 프로젝트를 제품화하고, 더불어 건조(Construction)를 위한 행정적 준비가 철저히 되

없는지에 대한 내부 감사자로 역할을 수행해야 한다. 프로젝트 건조(Construction)기간은 상대적으로 EPC기업이 내부자원을 최대한 활용할 수 있는 분야이며, 매우 독립적인 분야이어야 한다. 발주처도 프로젝트 건조(Construction)기간을 통해 안전과 실적이 주 관심 사항이며, EPC기업의 전문성을 침해하지 않으려 노력하는 자세로 전환되며 다만 검사를 통해 발견되는 품질 문제로 개입이 이루어진다. EPC기업의 전문성과 독립성이 최고조에 이르는 기간인 반면 융통성은 현저히 줄어드는 기간이기도 하다.

EPC기업이 건조 분야에서 명성과 실적에 대해 의문의 여지가 없는 이유는 모든 준비가 완료된 상태라는 가정이 존재하고 있으며, 이러한 환경에서 공정별 소요 기간과 품질 등이 해외 경쟁 EPC기업 대비 예상 적중율이 매우 높고 결과가 탁월하기 때문이다. 축적된 경험과 경쟁우위의 전문성을 백분 활용하기 위해서는 기술적 정합성을 높이기 위한 교류를 제외하고 프로젝트 준비(Planning)단계와 철저한 단절이 요구된다. 준비가 완료되지 않은 상태에서 건조를 위한 자원의 투입을 제한하여야 한다. 대한민국 EPC기업은 공정별 생산 방식이 세계 최고이고 생산을 위한 노무비의 단가가 높은 편이긴 하지만, 극복하고도 남을 만한 생산성을 확보하고 있는 것이 사실이다.

효율 향상을 위해 새로운 건조 방식과 설비 투자 등 꾸준한 개선이 적용되고 있지만, 필요한 준비가 완료되지 않은 상태에서 생산성을 발휘할 수는 없는 노릇이다. 두 단계 사이에는 엄격한 시간적 차이가 적용되어야 하고, 두 단계는 인수인계 과정을 통해서만 이 프로젝트의 연속성을 확보할 수 있다. 이를 위해 프로젝트 건조

(Construction)를 위해 필요한 조건을 요구할 권리가 존재하며, 프로 젝트 준비(Planning) 기간 동안 건조에 필요한 요구조건을 도면과 문서를 통해 제공하고 자재와 장비가 제시간에 준비될 수 있는 책 임을 완수해야 한다. 프로젝트 준비(Planning) 기간 동안 기술적으 로 계약서가 요구하는 프로젝트 요구사항에 대한 책임과 프로젝트 건조 조직이 요구하는 일정과 품질을 만족시켜야 하는 책임이 동시 에 존재하며 이를 기준으로 평가받아야 한다.

건조 분야는 대한민국 EPC기업의 가장 안전한 자산이다. 따라 서, 안전 자산이 불량 자산이 되지 않도록 스스로의 방어가 필요하 며 최선의 방어를 위해 프로젝트 준비 조직이 수행해야 할 책임의 범위를 명확히 제안하는 노력이 필요하다. 프로젝트 준비(Planning) 단계가 종료된 후에는 내부적으로 사후 서비스가 시작되어 주요 인 적 자원이 프로젝트 인도(Delivery)까지, 감독, 교육, 기술 자문 등 업무를 지속하여 무사히 마무리될 수 있도록 지원이 필요하다. 모 든 일이 종료된 이후 프로젝트 인도 단계에서 발생한 수정 사항이 있다면 최종 제출 문건(Final Document)에 반영되어야 하므로, 준비 를 수행했던 주요 직원들의 참여는 의무적이기도 하다. 프로젝트 건조(Construction)과정에서 미비한 상태로 일정을 개시하는 것은 금물이다. 대한민국 EPC기업들은 건조의 전문성과 건조를 위한 현 대화된 생산설비를 무기로 시장에 진입했고, 건조에 대한 전문성과 노하우는 속도와 정교함 측면에서 해외 경쟁업체와 차별화되는 부 분이다. 필요한 준비가 안된 상태로 건조를 시작하는 것은 이미 보 유하고 있던 역량도 발휘할 수 없는 환경을 조성한다. 선행에서 지 연된 일정을 어느 정도라도 회복할 여지를 기대한다면 최소한 준비가 마무리된 상태에서 만이 가능하다. 프로젝트 준비 과정과 건조 과정에는 사용하는 자원의 특징도 확연히 차이가 나고 따라서 관리 방안도 달라져야 함을 인식하고 이러한 변화를 프로젝트에 적용함으로 경쟁력이라는 도전적 과제에 한발 접근할 수 있는 것이다.

프로젝트 준비 단계(Planning)

프로젝트 준비(Planning) 단계는 FEED설계에서 확정하지 못한 변수를 상수화 하는 과정이며, 프로젝트 건조(Construction)를 위한 준비 단계이다. 발주처의 관리 감독자의 개입이 상당한 기간이기도 하지만, 이를 활용하면 Lumpsum 계약 기준과 부합 여부에 따라 추가 비용 및 기간에 대한 계약 변경 요청이 가능한 시기이기도 하다. 프로젝트 준비(Planning)의 특징과 속성을 확인하고, 보다 합리적인 수행 및 관리 방안의 수립을 통해 프로젝트의 품질과 손익이 개선될 수 있도록 시도해 볼 수 있는 시기이다. 변수를 상수화 하는 과정에서 계산과 분석을 통한 기술적 검증 이외에 협의와 협상 등 비계량적 요소의 역할이 있어 의사 결정에 따라 다른 프로젝트 결과가 도출될 수 있음에 유의하여야 하며, 이러한 이유로 가치 설계(Value Engineering) 등의 기법을 통해 최적화에 이를 수도 있고, 기술적 뒷받침 없는 판단과 착오로 악영향을 유발하는 결과를 초래할 수도 있다. EPC프로젝트가 기간 시설에 준하는 대형 생산 및 건조 설비를 필요로 하고 수천 명의 기술자와 노동자가 어우러져 프로젝트를 완수해 가는 과정이 있어 굴뚝 산업의 확장형이라는 시각이 존재하고 관리 방향성도 유사한 형태로 설정하는 경우가 있으나,

잘못된 정의에 따른 판단이며 오히려 **지식 기반 산업의 범주**로 간주
하고 관리 방안을 새로이 설정하여야 한다. 제반 법률에서 분류하
는 지식 기반 산업과는 거리가 있지만, 특히 프로젝트 준비
(Planning)단계는 재화를 기반으로 목표의 생산물을 제작하는 과정
이 아닌 지식을 기반으로 최종 목적물 건조를 위한 서비스를 제공
한다는 측면에서 의미와 시대적 상식에 부합하며, 어떤 성격으로
규정하느냐 자체가 프로젝트 전략과 성패를 결정하는 것은 아니지
만, 성격과 본질에 맞는 관리와 시스템을 갖추어야 한다는 점에서
새로운 해석의 의미가 존재한다 할 수 있다. 또한 EPC기업 혹은 설
계 하청사가 보유하고 있는 지식만 사용해서는 프로젝트가 내재하
고 있는 모든 변수를 합리적으로 상수화 할 수 없고, 산업에서 가용
할 모든 지식을 찾고 응용을 달리하며 때로는 기술적인 분야 이외
계약서 해석의 기법 활용, 금융 등 이종 산업 활용을 고려하는 등
창의적인 접근이 프로젝트 목표 실현에 필수적인 과정이라 할 수
있다.

1) 특성 및 수행 전략

프로젝트 준비(Planning) 기간 동안 추진하는 주요 업무는 아래
와 같이 요약할 수 있다.

(1) FEED Verification and 프로젝트 Familiarization
(2) Engineering and Procurement
(3) Construction Preparation
(4) 프로젝트 Budget and Schedule

프로젝트 준비(Planning)의 결과는 도면, Database 및 각종 문서(Manual, procedure, Plan 등)의 형태로 생산되며, 생산되는 순간 계약서와 동등한 효력을 가진다. 다른 계약 문서와 불일치가 있는 경우, 기 합의된 우선 순위에 따라 한쪽을 무력화시킬 수도 있고 또 다른 합의를 통해 중재안을 마련하기도 하는 등, 기술적인 분야로만 취급되는 것은 단편적인 시각으로 상황에 따른 의사 결정과 중재가 혼재하는 불확실성이 존재하는 분야이다.

프로젝트 준비(Planning)는 계약 단계에서 결정되는 직무권한 범위(Scope of Work)를 검토하는 것으로부터 시작한다. 프로젝트의 최종 성능과 절차적 요구 조건을 만족하기 위해 새로운 업무가 끊임없이 발굴되고 부서 간 업무 분장을 통해 단위업무별 수행 주체를 정하는 일련의 활동이 프로젝트 인도 시까지 계속된다. As is(현재의 정보 또는 변수)가 To Be(건조가 가능한 결과물 또는 상수)가 되어가는 과정에서 사용되는 다양한 도구와 과정들은 ① 발주처의 개입에 따라, ② EPC기업의 경험 수준에 따라, ③ 프로젝트에 참여하는 주요 포지션(Key Person)의 능력에 따라, ④ 감당할 리스크의 범위에 따라, ⑤ 계약 환경에 따라 다르게 적용할 수 있으며 이는 모두 공장형 산업에서 경험할 수 없는 변동성의 요인이 된다. 또한 변동성의 결과가 즉각적으로 확인되는 경우도 있지만, 의사 결정 후 1년 혹은 그 이후가 지난 시점 에서야 그 여파를 확인하게 되는 경우도 있어 프로젝트 전체적으로 변동성에 대한 노출을 최소화하는 것이 프로젝트 준비과정 동안 실질적 목표가 되어야 하고, Lumpsum의 견적 내역서를 준비하면서 고려하지 않은 업무들에 대해서는 상응하는 시간적 금전적 보상을 공식적으로 요구하는 노력이 필요하다.

EPC프로젝트는 완제품을 판매하는 것이 아니고, 계약 당사자 간 공동의 노력으로 만들어 가는 프로젝트이다. 정답이 무엇인지 찾아가는 것이 아니라, 보유하고 있는 자원과 경험을 활용하여 최선의 해결 방안을 찾고 적용해 나가는 과정이다. 유사한 경험과 Database는 기술 적용에 정당성을 부여하고 계산 결과만이 특정 기술의 적용 유무의 유일한 판단인 경우도 있지만, 합의에 따른 적용도 가능하고 때로는 합의가 계산 결과에 우선하는 경우도 있다. 합의를 먼저하고 기술적 뒷받침을 위해 계산과 해석이 뒤따르는 상의하달(Top-down)방식의 결정도 활용된다. 따라서, 프로젝트 수행 기간 동안 발생되는 모든 사안들에 있어 계약적 책임을 구분하는 노력이 필요하며, 개론적이고 추상적인 해석을 지양하고 EPC기업이 입찰 시 제출했던 Lumpsum 견적의 범주에 포함되는 지 여부를 기준으로 발주처와 책임 공유를 요청하고 끈질기게 책임 공유에 동참하도록 유도하는 협상력이 필요하다. 이러한 전략 없이 안정된 프로젝트 건조(Construction)의 환경을 조성하고, 프로젝트 수익의 품질을 높일 수 있는 기회를 확보하기 어려우며, 입찰 부서에게 해당 프로젝트에서 확인되는 계약적 제한 조건에 대해 꾸준히 배경과 근거를 제공함으로써, 미래 프로젝트의 개선 사항으로 활용할 수 있도록 추가 노력 또한 요구된다.

2) 위험도 수준 분석(Risk Profile)과 대응

EPC프로젝트의 위험도 수준은 우선 계약 조건에 따라 달라진다. 프로젝트가 시작되면, 수주를 위해 입찰을 준비하던 시기와는 다르게 보수적인 시각으로 계약서를 해석하려는 경향이 있어 리스크의 강도도 강렬해지고 확대 해석하려는 경향이 존재한다. 계약서가 제공하는 위험도 수준은 주관적 판단이 개입한다. 따라서, 한번 정해지면 끝까지 동일하게 유지되는 것이 아니라 시간이 지남에 따라 변화되는 추가 정보를 통해 혹은 설계와 같이 변수를 상수화 하는 과정에서 자연스럽게 위험도 평가를 수정할 만한 지식의 수준과 판단의 전문성이 높아지며, 계약 상대방과의 협상 역량에 따라 위험도 수준과 성격이 변화하는 성질을 가진다. 계약 초기에 진단했던 위험도 분석 항목이 계약 실행 과정에서 실제 어떤 영향성을 야기했는지에 대한 프로젝트별 수치화 된 자료가 존재하지 않지만(수치화 하려는 노력도 없었지만) 경험적으로 예상의 적중도가 높았던 것으로 기억된다. 하지만, 위험도 항목을 발췌하고 위험도 수준을 구분하려는 일련의 활동들은 그 목적이 주로 리스크 대응 방안에 집중하는 것이 사실이며, 리스크를 어떻게 제거할 것인가는 상대적으로 도외시되고 있었다. 합의된 계약서를 근거로 확인된 리스크에 대해서는 프로젝트 수행 기간 동안 발생하는 상황들을 지렛대(Leverage)로 사용하여 완화시키거나 제거하는 노력이 필요하며 특히, 계약 협상 시 합의된 총론을 도면과 문서의 형태인 각론과 상세가 정의되는 과정에서 시도해 볼 법하다. 프로젝트의 속성으로 인해 작은 합의와 결정이 상시 일어나며, 이러한 협상으로 유불리를 따질만한 결과로 이어지고 영향성은 계약 당사자 모두에게 동일하게 존재함에도 결국 EPC기업에게 더 큰 부담으로 작용하는 현상이 반복되고 있다. 비슷한 배경의 엔지니어들 간 기술적인 합의는 큰 이견이 없지만, 책임 분담에 대해서는 EPC Lumpsum의 계약 구조를 이유로 일방적인 결정이 이루어지는 일상을 조금이라도 변화시

키기 위해서는 계약과 프로젝트 수행을 동시에 검토할 수 있는
Contract Engineer와 같은 특수한 자원이 요구된다. 기술적인 해법
과 현상에 대한 이해도가 높으면서, 계약이 지향하는 목적과 내용
을 토대로 이상적인 책임 분담을 제안할 수 있는 기능이 필요하며
앞서 언급한 공식적인 대화 채널을 통해 추가 비용과 기간에 대해
지속적인 요청을 제기해야 한다. 발굴된 사안은 협상의 주제로 등
재하고 당사자를 다변화 하면서 목표는 일관성을 유지하되 다양한
시각으로 접근하는 노력이 필요하다. 발주처에게만 해당되는 것은
아니다. 동일한 노력과 시도는 주요 장비 제조사에게도 적용하여야
한다. 기술적으로 EPC프로젝트는 건조와 통합(System Integration)
산업으로 주요 장비와 시스템이 프로젝트 안에서 다른 주요 장비
및 시스템과 조화롭게 성능을 내도록 설계하고 건조하는 행위로써
장비 제조사와의 협의와 협상에도 동일 수준의 주의와 노력으로 계
약 당사자 간 책임이 균형을 잡아갈 수 있도록 점검하고 개선하는
노력이 필요하다. 프로젝트 수행에 있어 리스크의 원인은 기술적인
리스크와 협상의 리스크가 함께 공존하는 것이다. 이해관계자 간
우선순위, 경험, 계약조건에 대한 해석의 불일치 등으로 기술적인
리스크보다 협상의 리스크에 무게를 두고 관리해 나가는 것이 당연
하다. 협상을 통해 각 리스크 항목들을 관리 가능한 수준으로 낮추
고 기술적인 방향성을 제시하고 이해관계자 간 책임의 균형을 찾아
가는 노력이 필요하다. 리스크 목록에 등재된 모든 항목들이 EPC기
업 스스로 감당하고 해답을 찾아야 한다는 시각에서 벗어나 모든
이해관계자들의 공통의 책임과 의무로 합의를 통해 해결할 수 있는
사항이라는 인식이 필요하다.

3) Process Mapping

프로젝트 준비(Planning) 기간 동안 모든 공정은 시간차로 나열되는 직렬형 구조가 아닌 방사형 구조로 시작하고 일정 시간 경과후, 공정 간 교차 확인(Cross Check)을 통해 방향성과 품질을 확인하고 또 다시 각자의 공정을 진행하는 방식이다. 건조를 위한 준비가 완료될 때까지 몇개의 관리점을 가져가는지는 기업별 전략과 경험에 따라 달라질 수 있다. 설계와 조달이 생산하는 정보는 특성상 폐쇄적인 것과 공개적인 것으로 구분할 수 있다. 폐쇄적인 것은 보다 전문적인 영역으로 정보를 생산하기 위해 필요한 전문가들의 계산, 해석, 분석 및 각종 규정과 규칙(Rule & Regulation)의 적용 여부 등이며, 공개적인 것은 후속 공정에서 요구하는 정보 등이 해당된다. 공개 정보의 이면에는 폐쇄적인 정보의 지원과 선행이 존재한다. 따라서, 공정 간 일정을 계획할 때 공개적인 정보의 전달 시점을 우선 정하고, 해당 정보 생산을 일정에 따라 공정에 투입될 자원의 규모와 수준을 결정해야 한다. 프로젝트 준비(Planning)를 구성하는 설계 및 조달 등의 공정 간에는 채권 채무의 관계가 형성되어 있으며, 이를 기준으로 일정을 설정하고 조율해 나가는 방식이 필요하다. 설계로 대표 되는 공정에만 구조, 기계, 전기, 배관, 계장, 기본 등 6개 이상의 전문적인 하위 공정이 있고, 설계 각 공정과 필요한 정보를 주고받아야 할 주요 장비 제조사가 수백 곳이 넘는다. 서로 간 연결을 표로 나타내면 거미줄 같은 방사형 관계가 확인되고, 마치 거대한 톱니바퀴처럼 한 곳이라도 이탈하면 전체 프로젝트가 멈추어 버리는 현상을 예상할 수 있다.

프로세스 맵핑(Mapping)의 목적은 공정 간 채권 채무 관계를 기반으로 각 공정이 가지고 있는 톱니 바퀴의 크기와 직접 연결되어 있는 이종 공정의 종류 및 장비 제조사 등을 확인하여 관리의 우선 순위를 시기별로 확정하는 것이다. EPC기업들이 보유하고 있는 전형적인 프로세스 맵핑을 사용하는 것보다 프로젝트별 특성을 고려한 맵핑을 프로젝트 일정과 함께 준비하고 관리의 지침으로 활용해야 한다. 공정의 전문성은 생산된 정보의 신뢰를 제공하며, 올바른 절점 관리는 공정의 진도를 가능케 한다. 설계 기간 동안 해외 설계 하청사를 사용하는 경우, 그들의 실적 데이타베이스에 기반한 전문성 확보에 초점을 두고 있는지 아니면, 이종 공정 간 필요한 정보를 생산하기 위해 사용하는 그들의 관리 기법을 확보하는 것에 초점을 두고 있는 지에 따라 계약의 내용과 가격이 달라져야 함에도 전문성만 확보하면 관리는 어떻게 되겠지 하는 안일한 판단으로 하청사 관리의 허점을 드러내곤 하였다. 설계 하청사의 품질을 판단함에 있어서도 EPC기업 스스로 설정한 기준과 우선순위에 입각한 평가가 아니라 그들이 제공하는 약속과 계획에 의존해서는 실패를 통한 배움도 없고 개선은 더욱 묘연해짐을 인지해야 한다. 프로세스 맵핑(Mapping)은 프로젝트 일정과 함께 리스크를 확인하는 과정이고 EPC기업의 전략과 프로젝트 특성에 따라 일정한 주기로 관찰 및 업데이트가 필요하며 리스크 우선순위를 재점검해야 하고, 무엇보다 중요한 것은 발주처의 개입 여부에 따라 책임의 범위를 판단하는 자료로서 활용해야 한다는 점이다. 프로젝트 수행에 있어 목적에 따른 다양한 기법이 존재하며 관리자의 정확한 이해와 관리 역량이 더해져야 함을 아무리 강조해도 지나침이 없다.

4) 자원 배분(Resource Allocation)

프로젝트 준비(Planning)단계는 인적 자원의 역량이 더욱 중요시되는 기간이다. (인간을 자원으로 보는 시각에 동의하지 않지만 교양의 한계임을 고백한다.) 사회 과학적인 용어로써, 인적 자원이 결과를 위한 재료(Input)가 아닌 더 좋은 결과를 도출하기 위한 자본적 성격으로 활용되는 경우 인적 자본(Human Capital)이라 지칭하며, EPC프로젝트 수행에도 인적 자원이 자본과 같은 가치와 성능을 낼 수 있도록 관리와 집중이 필요하다. 예를 들어, 기능을 가진 인적 자원이 일정 기간 동안 생산 가능한 도면이 10장인데 반해, 숙련 자원의 경우 15장의 생산이 가능하다면 산술적인 정보로 효율에 대한 집계를 산출하려 하는 것이 현장에서 일어나는 평가와 관리의 방식이나, 인적자원의 자본화(Human Capital)의 사례로 도면 생산의 품질과 수량에 집중하는 것이 아니라 시스템 정비를 통해 종이 없는(Paperless) 사무 환경을 협의하는 등 엔지니어링 결과물에 대해 인식(Paradigm)의 변화를 시도하여 당사자 모두에게 가치(Value)를 선사하는 활동을 예로 들 수 있다. 재료와 달리 자본은 환경과 조건 및 창의적 발상과 협의에 따라 더 큰 가치(Value)를 창출할 수 있는 여지가 있기 때문이다. 이러한 노력을 위해 EPC기업은 전 세계 유사 기업들과 자본화가 가능한 인적 자원 확보를 위한 경쟁에 돌입해야 한다. 대한민국 기업들도 프로젝트를 대표하는 주요 포지션에 경험과 실적을 보유한 전문가 영입을 시도하는 경우가 있지만, 해외 경쟁 기업 대비 규모와 관심도 측면에서 비율이 높지 않고 국가와 기업의 문화 때문인지 다양성이 확보된 경우에도 화학적 결합은 고사하고 물리적 결합도 한계를 드러내곤 하였다. 산업

계의 주요 쟁점인 다변화와 화학적 결합(Diversity and Inclusion) 측
면에서 해외 경쟁사 대비 경쟁 열위의 정도가 측정 불가 수준이고,
현재 부단한 노력도 없으니 가까운 미래라도 상황은 비슷할 것이다.

해외 EPC기업의 경우 고객사 근무 경험이 있는 전문가들을 영
입하기도 하고, 자본화될 수 인적 자원의 확보를 위해 꾸준히 후보
군 명단을 유지하고 시장에서 그들의 성과와 고용 가능성을 확인하
며 필요 시 영입을 시도한다. 해외 EPC기업들은 우리와 달리 EPC
프로젝트를 지식기반의 일환으로 인식하고 인재 확보에 열의를 보
이고 있는 것이거나 혹은 다른 문화와 가치관에 입각한 것일 수도
있으리라. 장기적인 인식의 변화와 노력 이외에, 프로젝트 준비
(Planning)기간 동안 EPC기업이 이미 보유하고 있는 인적자원의 활
용이나 즉시 개선이 가능한 활동으로 조달 분야에 대한 인적 자원
의 보강 등을 추진해 볼 필요가 있다. 앞서 언급한대로, 프로젝트
준비단계에서 무엇보다 중요한 것은 주요 장비 업체에 대한 관리이
다. 원가구성 에서도 조달이 프로젝트 투입 비용의 절반 이상을 차
지함에도 관리를 위해 투입되는 인원의 규모는 무시할만한 수준이
다. 장비 제조사와 조달 계약을 체결하고, 장비 성능과 관련하여 기
술적인 요구 사항만 제공하면 일정 기간 후, 예상의 품질 수준으로
납기가 진행될 것이라 기대하는 것은 금물이다. EPC산업에서 장비
제조 시장은 독과점 혹은 제한적 경쟁 체제이며 매번 프로젝트 요
구 사항의 차이가 있어 소량 주문 생산을 특징으로 하고 있다. 따라
서, 구매자로서 권한 행사가 어려울 뿐 아니라, 원거리 관리로 조달
계약이 제대로 이행되는 사례는 거의 찾아볼 수가 없다. 설계에 반
영해야 하는 장비 제조사의 기술 정보 관리와 계약 관리, 품질관리

등을 위해 장비별로 작은 조달 프로젝트 팀이 구성되어야 하고, 장비와 제조사의 특성 및 위치를 고려하여 조달 프로젝트 팀의 관리 대상을 어느 정도 대분류(Grouping)할 수는 있지만, 반드시 상시 관리가 가능하도록 조치가 필요하다. 또한 장비 조달의 계약 이행을 위한 조달 프로젝트 팀은 장비제조사의 설계와 같은 공간에서 근무할 수 있도록 조치하여 시차 없이 교신이 가능해야 하고, 기술정보와 공정율을 요청하고 접수되면 설계에 전달하여 반영하는 수동적인 관리 형태가 아니라 스스로 실시간 설계에 반영하고 원거리에 위치한 EPC기업의 설계조직과는 설계 완성을 위해 부족한 사항에 대한 협의 정도만 시차를 두고 수행하도록 전산 환경이 구축되어야 한다. EPC가 진행하는 설계의 완성도를 높이기 위해 요구되는 정보를 구체적으로 정리하여 장비 제조사와 교신하여야 한다. 제조사에서 제공하는 공정률 수치에 의존하는 것이 아니라 필요한 정보의 요목과 일정을 전체 프로젝트 일정 수립 시 레벨 5 수준의 상세함을 기준으로 함께 계획하고 관리해 나가는 것이 필요하다. 근거리에서 혹은 동일 사업장에서 필요한 일정이 기한 내 완료될 때까지 끊임없이 묻고 확인하지 않으면 그럴듯한 이유로 포장하여 그들의 우선순위에서 부지불식간 밀려나고 한정된 자원은 경쟁사를 위해 사용되도록 결정된다. 장비의 제작도 마찬가지이다. 제조사의 생산 능력, 제조 공정 및 과정을 이해해야 한다. 제조사 선정 전 평가 기간 동안, 장비제조사가 제공하는 가능 납기일에만 의존하는 경우가 있으나, 제조사의 설계 인원 및 생산 능력, 생산이 요구되는 시점의 생산한계(Backlog) 등은 필수적으로 확인해야 할 항목이다. 특히, 발주처가 특정 제조사를 확정하여 프로젝트 수행을 요구하는 경우 계약 전 제공하는 제조사의 생산 능력은 이후 일정 지연에 있어 발주처와 책임 소재를 파악하는 자료가 될 수 있다. 과거 5년간 생산 능력과 해당 제품이 생산될 시점의 예상 생산량, 제조 공정의 사전 단계인 장비 설계와 원자재 조달에 대한 세부 정보를 제조사에게 요구하고 정기적으로 업데이트하며 관리해 나가야 한다. 공정에 필요한 자원은 설계를 수행하는 인적자원과 원자재 등으로 구분하여 전체 공정 품질을 평가하는 등 조달 프로젝트라 이름 지을 만큼 EPC프로젝트와 동일한 구성과 강도의 관리가 요구된다. 또한 제조사의 제조 과정을 파악하기 위해 제조 활동 중 발생하는 업무 간 이해관계를 어떻게 처리하는 지 살피고, 특히 EPC기업과 제조사 간 이익이 상충되는 구체적인 사안에 대하여 특별한 주의와 감독이 필요하다. 조달 계약 시 계약 이행 사항으로 제조사의 의사 결정이 EPC프로젝트에 역행하지 않도록 상투적인 문안을 추가하는 경우, 계약서를 기준으로 정보를 요구하고 의사 결정 과정을 확인할 수 있는 배경을 조성하는 것과 다름이 아니니 반드시 시도해 볼 만하다.

계약서에 해당 조항에 대한 구체적인 합의가 없더라도 구매자로서 요구할 수 있는 항목이므로 상응하는 관리자의 의무를 행사해야 하고 필요 시, 개선을 요구할 수 있음을 해당 업무를 수행하는 모든 담당자가 인지하고 실천해야 조달에서 발생할 수 있는 문제를 미연에 방지하거나 최소화할 수 있다. 또한 발주처에게 대응하듯 품질과 기한 등 모든 공정에서 불만 사항이 있다면, 공식적인 대화 채널을 이용하여 요구하고 지적하며, 증거를 남기는 행위를 일상적으로 수행하는 것이 필요하다. 동시에 장비 제조사의 경영진 등과 채널을 유지하고 다양한 계층 간 유대를 형성하는 것이 단순 조달 행위가 아닌 조달 공급 과정을 아우르는 공급망 관리(Supply Chain Management)의 시작과 기초를 마련할 수 있는 방안이다. 하지만, 이러한 구조가 EPC기업에 비해 장비제조사에게 동일한 필요가 있지 않음을 인지하고 접근이 필요하다. 장비 제조사의 관리는 EPC 모든 업무 중 가장 도전적인 과제일 수 있다. EPC기업 내 조달을 책임지고 있는 부서가 직원 몇 명으로 처리할 수 있는 사항이 절대 아니고, 관리를 위해서는 수백 명의 인원 동원이 필수적이며, 부실한 관리로 품질과 납기가 지연되는 것에 비하면 반드시 시도해야 할 처방임에 의심이 없다.

프로젝트 건조 단계(Construction)

프로젝트 건조(Construction)는 도면과 문서의 형태로 상수 화된 프로젝트의 결과물을 제품화하는 과정이다. 준비된 자재, 장비, 시스템 등이 프로젝트 목표를 구현하기 위해 건조와 물리적 통합의 과정을 거치고, 수만 가지 센서의 영점조절과 성능 테스트(Calibration and Loop Test)를 통해 정보전달 및 제어기능을 확인하고, 정교한 알고리즘으로 유기적인 운전이 가능하도록 통합 체계(Integrated System)를 구축하는 과정이다. EPC프로젝트 최종 건조를 위해 수천 톤 규모의 모듈단위 설비 수십개를 사전 건조하고 통합된 시스템으로 운전이 가능하도록 모듈 간 구조, 배관, 전기 시설들을 추가로 시공하며, 때로는 백만 미터(서울/부산 간 왕복거리)이상의 각종 케이블이 설치되고, 파이프 물량만 일만 톤을 넘기기도 한다. 결과적으로 수십만 톤에 육박하는 프로젝트 구조물이 24개월도 안 되는 기

간에 물리적인 완성 및 모든 시스템의 운전까지 검증하는 일정으로
그 규모와 속도에 매일 보고 있어도 익숙해지지 않는 현실이었다.
그럼에도 건조의 장면 장면은 전문가들의 반복되는 안전 점검과 대
형 설비의 지원이 어우러져 슬로우 비디오처럼 펼쳐지고 밀리미터
단위의 오차 범위로 정교한 설치를 이어 나간다. 이러한 과정의 이
면에는 치밀한 계획과 관리가 뒷받침하고 있다. 간혹 미디어를 통
해 건조의 과정이 롱-테이크(Long Take) 촬영 후 편집된 영상을
살펴본다면 EPC산업의 건조 과정은 기술과 관리가 집약된 현장임
을 이해할 수 있을 것이다. 건조의 과정은 일상이 도전이다. 순서를
정하고 집약된 기술과 설비와 노동력을 활용하여 계획을 제품화 하
며, 주변과 끊임없는 소통으로 어긋남이 없도록 조치하고, 소음 속
에서도 그들의 언어는 멈추지 않는 것이 마치 전장의 단면 같기도
하다. 기술과 설비와 노동력 중 어느 것 하나라도 부족하다면 건조
의 현장은 흐름을 멈추어야 하며, 자재와 장비가 건조 일정에 맞추
어 준비되지 않는다면, 기술과 설비와 노동력을 무용으로 전락시킨
다. 또한 건조 완성(Construction)을 위해 필요한 주요 자재와 장비
는 대안을 찾을 수 없는 유일한 것들로 구성되어 있다. 프로젝트만
을 위해 목적 설계를 수행하고 맞춤형 검사와 보증을 거친 시간의
축적이 있어야 사용 가능한 제품이 되기 때문이다. 프로젝트 건조
(프로젝트 Construction)는 그 자체로서 도전적인 과제이며 공정을
운영함에 있어 보수적인 접근이 필요하다. 준비(Planning)기간 동안
확정되지 않은 설계 정보를 기반으로 혹은 필수 자재나 장비가 준
비되지 않은 상태에서 건조의 공정을 진행시킨다면 프로젝트의 어
려움을 가중시키는 결과를 초래할 수밖에 없다. 설계 및 조달의 품

질이 건조(Construction)를 실행할 만큼 확보되지 못하면 시작을 지연시키는 것이 합당하다. 인도 지연(Late Delivery)으로 인한 LD등 계약적 페널티의 부담이 있지만, 설계 및 조달기간 동안 발생한 일정 지연을 건조(Construction)기간 동안 회복하려는 시도는 EPC기업의 장점을 무력화시키는 결정이다. 물론 인도 지연에 대한 부담만으로 준비가 부족한 환경에서 건조 착수를 결정하는 것은 아니다. EPC기업 내 동시에 수행하고 있는 타 프로젝트와 연관성 등 야드 운영 측면에서 흐름 생산을 위해 계획된 건조를 시작해야 하는 사유가 있고, 행정적으로 복잡함을 피할 수 있다고 판단할 수 있으나, 불확실성을 미루는 것일 뿐 없어지지 않고 가중된다는 점을 고려하면 준비가 부족한 상태로 건조를 시작하는 것은 재고가 필요하다. 계약 구조상, 설계와 조달 기간 동안 지연이 발생해도 건조 기간의 효율과 품질이 저하되고 LD와 같이 페널티 적용을 받는 등 직접적인 영향의 발현 시점이 최소 수개월에서 최대 1년 이상의 시차가 있어 설계와 조달기간의 절박함은 건조(Construction) 수행 기간에 비해 상대적으로 떨어지기 마련이다. 따라서, 건조(Construction)를 시작하기 위한 준비가 확보될 때까지 일정을 지연함으로써 설계 및 조달기간 동안 발주처와 더욱 치열한 협의와 협상을 통해 건조(Construction)의 절대 기간이 확보될 수 있도록 노력하는 동기 부여가 될 수 있다. 건조(Construction)는 계획된 일정을 고수하고, 시작을 위한 준비 상태에 대해서는 타협과 융통성을 허용하여서는 안 된다. 흐름 생산을 위해 도면과 자재의 품질이 만족스럽지 못한 상태로 최초의 계획된 순서를 변경하며 건조를 진행하는 경우 결국 예산의 수십 배를 추가로 사용해야 하는 결과를 초래하기도 하고,

일정 또한 지연의 부담이 높아진다. 건조 기간도 시간 순서와 공정
의 목표에 따라 선행과 후행으로 나누어 관리하며, 선행 건조를 시
작하기 위해서는 최소한 해당 공정에서 요구하는 자재의 80% 이상
이 확보된 상태라야 EPC기업이 수십 년간 쌓아온 건조의 효율을
기대할 수 있다. 돌발상황에서 대안 확보가 매우 제한적인 건조
(Construction)기간임에도 설계와 조달 단계에서 해결하지 못한 문
제점까지 함께 해결해야 하는 책임의 전가가 발생하지 않도록 주의
가 요구된다. 프로젝트 건조는 준비(Planning)과정과 단절된 관리가
요구된다. 프로젝트 건조는 준비가 완벽한 상태에서도 그 자체로서
도전적인 과제임에도 불구하고, 준비(Planning)기간 동안 수행하지
못한 업무를 회복할 수 있는 여분의 기회(Redundancy)로써 역할까
지 기대한다면 프로젝트의 어려움을 가중시키는 결과를 초래한다.
준비의 상태에 따라 건조 시작일을 조정할 수는 있지만 혼재되지
않도록 유념하고, 건조를 위해 필요한 절대기간을 반드시 확보해
주는 것이 필요하다.

　　건조는 생산설계, 생산, 검사, 시운전 등으로 구분할 수 있는
데, 일정 시점까지는 투입 시수 대비 생산성이 정비례 관계를 보이
지만, 이후 구간에는 추가 시수를 투입하여도 그만큼 추가 생산성
을 발휘하지 못하는 효용이 한계에 다다르는 지점이 발생하며, 이
는 공장형 제조업과 비교해도 매우 경직된 수준이라 할 수 있고 개
선이 어려운 산업의 특징이기도 하다. 추가 시수 투입을 결정한다
하더라도 행정적으로 단기간 필요한 인적 자원을 수백 명 단위로
모집하는 것 또한 불가능에 가깝고 단기적, 산발적 요구를 충족시
키기 위해 더 높은 단가를 지불하면서도 품질에 대한 보증과 책임

을 물리기가 어려운 환경이다. 추가 시수를 투입하여도 생산성은 낮아지고 단가는 높아지니 EPC기업 입장에서는 이중고를 겪는 결정이다. 따라서, 건조 시작 전 과거 경험과 프로젝트 환경을 고려한 기존 계획을 변경하는 것에 독하게 반응하는 것이 필요하다.

1) 건조의 특성 및 수행 전략

프로젝트 건조는 다음으로 구분된다.

(1) Construction Engineering

(2) Preservation & Maintenance for Equipment and Material

(3) Construction

(4) Integration

(5) Inspection

(6) Commissioning

건조 장소와 설치장소가 다른 경우, 설치 장소에서 최종 시운전(Offshore Commissioning)이 추가되는 경우가 있고, 건조 장소와 설치 장소 간 물리적 이동을 위해 운송(Transportation) 등의 업무가 추가되기도 한다. 건조 단계로 진입하면 변동성 요소를 제거하는 것이 관리의 목표가 되어야 한다. 계획 수립 시, 반영된 준비와 투입 자원(Resource) 등에서 변동성을 억제하는 것이 관리의 핵심이다. 지연된 일정을 만회하기 위해 추가 노동력 투입을 결정하기도 하지만, 공정별로 서로 다른 한계 효용이 있음을 공정의 특징으로 파악하고 고려하여야 한다. 투입 자원을 늘려도 공정의 만회에 기여하지 못하는 구간에는 투입된 자원에 대한 무용뿐 아니라 타 공정과의 추가 간섭을 유발하는 등 추가 비용 상승이 긍정적인 효과를 생산하지 못하거나 오히려 반감 시키는 원인으로 전락하기도 한다. 특히, 수백 명 이상의 추가 인원 투입을 통해 일정 만회를 계획하는 경우가 있지만, 노동 시장의 탄력성을 벗어나는 무리한 계획은 언제나 역효과를 일으킨다. 지연이 발생하면 재발 방지를 계획하고, 기업의 건조 특성을 수치화 하여 발주처를 설득하고, 더이상의 지연을 예방하는 것에 중점을 두는 것이 피해를 최소화하고 경쟁력을 유지하는 방안임을 명심해야 한다. 프로젝트에 투입되는 노동력의 대부분은 자신들이 어느 지점을 감당하고 있는지 알기가 어렵다. 현장관리자와 아침 조회를 통해 당일 처리할 지역과 과업을 배정하며, 협력 업체 위주의 프로젝트 건조 현장은 목표를 위해 효율과 개선을 요구할 여건이 아니고 오히려, 당일 과업을 처리하기 위해 현장의 상황을 조정하고 통제해야 하며 치밀한 준비가 요구된다. EPC기업의 프로젝트 건조 현장에서 노동력 제공의 단서를 쥐고 있는 협력 업체 관리 또한 경쟁적인 요소로써, 품질과 효율보다 노동력 유지를 우선시 하기도 하며, 단기적으로 노동력의 추가 소요 및 변동은 프로젝트 품질을 악화시키는 요소이기도 하다.

건조는 준비(Planning)단계에서 품질 검사에 대한 기준과 시운전 방안 등을 미리 협의하는 것부터 시작한다. 건조는 품질검사와 시운전을 통한 성능 검증 후에야 비로소 완료되며 프로젝트 건조시스템(PCS, 프로젝트 Construction System)을 통해 관리되는 것이 보통이다. 따라서 어떤 기준으로 품질 검사와 시운전을 수행하는 지에 대해서는 치열한 협의와 협상이 필요하다. 검사를 완료한 항목이 일정 시간 경과 후, 다시 문제가 확인되는 경우 일정 기간 동안 여전히 EPC기업의 책임 하에 처리되어야 하는 것이 계약적 책임이라 할지라도, 검사가 이미 완료된 항목이라면 EPC기업의 대응력은 매우 높아지는 것이 현실이다. 건조단계에서 건조 달성율은 계약 당사자 간 최대의 관심사 임에도 그 기준을 결정하는 단계에서는 지엽적인 사항으로 치부되기도 하며, 이는 단위적 구분에 의한 조직관리의 문제점이기도 하다.

EPC기업의 책임과 의무가 부분적이나마 해소되기 위해서는 시운전 완료가 필수적이다. 시운전은 장비 제조사의 기술적 지원이 함께 동원되어야 하는 활동으로 이로 인해 관리 측면에서 이해 관계가 더욱 복잡하다. 해당 기간 동안 EPC기업의 의사 결정은 장비 제조사의 기술적 의견과 판단까지 고려하여 이해관계를 조정해야 하는 기술적 어려움도 추가된다. 반면 주요 장비는 그들의 기술경쟁력과 발주처의 신뢰 및 선호도로 인해 EPC기업의 조정과 통제안에서 관리하기 어려운 분야이다. 장기적으로 주요 장비 제조사와의 파트너십이나, 혹은 공급망 관리(Supply Chain Management) 등을 통해 관계 개선을 목표로 하기도 하지만, 프로젝트 현장에서 양사 간 이해관계의 대립이 있는 경우 장비 제조사의 이익에 반하는 결론에 도달하기란 불가능한 것이 사실이다. 장비 제조사에서 프로젝트 현장으로 파견하는 FSR(Field Service Representative)들은 서비스를 시작하기 위한 혹은 서비스를 진행하기 위한 사전 조건들을 요구하며 타협의 대상이 아니다. EPC기업이 건조 기간 동안 필요한 준비가 부족한 경우에도 후속 공정을 진행하는 사례와 대비되는 장면이다. 프로젝트마다 반복되는 현상이지만, 장기적으로 EPC기업

시운전 엔지니어들의 기술과 협상 역량을 향상시키고, 준비
(Planning)기간 동안 장비 제조사와 기술적 교류를 확대함으로써 주
요 장비에 대한 이해의 폭을 넓히고 축적된 인간관계를 활용하여
절충이 가능하도록 유도하는 것 이외에 별다른 대안이 없어 보이는
것이 사실이다. 이를 위해 해당 분야에서 언어 장벽을 어떻게 극복
할 것인지도 숙제이다.

2) 위험도 분석(Risk Profile)과 대응

건조 단계에서 지켜야 할 원칙 중 하나는 '일관성(Consistency)'
이라 할 수 있다. 일관성이라는 원칙과 배치되거나 방해가 되는 요
소 들은 사전에 제거하는 것이 최선이다. 건조가 시작되기 전 필요
한 조건이 충족되지 못해 일정 기간 생산 흐름의 방해 요소로 작용
될 것이 예상된다면, 건조의 시작을 늦추어 필요 조건 충족 후 정상
적인 흐름이 유지될 수 있도록 조치하는 방안을 고려해야 한다. 자
재와 장비, 노동력과 설비, 물리적 공간과 일정한 시간 등 계획된
모든 것에 일정 부분 변수가 예상된다면 해소되는 시점까지 매몰
비용을 최소화하는 수준으로 기다리는 것이 합리적이다. 위험도 허
용한도(Risk Tolerance) 및 수용 범위(Risk Appetite)를 최소한으로
유지하여 대응 방안을 수립하고 준비가 완료될 때까지 건조의 시작
을 조절하고 시작이 되면 건조 속도와 품질 수준과 달성율이 계획
된 기간 내에 완성될 수 있도록 준비 활동을 점검하는 것이 기업의
장점을 위축시키지 않는 유일한 방안이고 따라서 관리의 목표도 동
일한 기조로 유지되어야 한다.

건조 단계에서 설정된 관리의 목표를 방해하는 모든 요소들은

위험 항목으로 분류될 수 있다. 프로젝트가 계획대로 진행되는 경우 EPC기업은 최소한 건조 기간 동안 자기 주도적으로 프로젝트를 수행할 수 있다. FSR포함 다양한 변수가 존재하지만, 필요한 기간이 주어지고 건조 준비가 계획대로 이루어 진다면 건조의 속도와 방향성을 일정하게 유지할 기술과 시스템을 갖추고 있다. 일정이 지연되면 혹은 예상되면 계약서의 페널티 조항을 배경으로 발주처의 개입이 강해지고 EPC기업 스스로도 기존 계획과 전략에 반대되는 의사 결정을 하기도 한다. 그 결과 무리한 일정 회복 계획(Catch Up Plan)을 작성하고 효과 없는 추가 노동자원을 투입하는 결정으로 상황을 더욱 어렵게 만들기도 한다. 건조의 절차와 속도는 EPC기업의 속성으로 고려하여 유지시키는 관리와 대응력이 필요하다. 품질검사와 시운전 관련하여서는 대응보다는 선제적 준비가 중요한 사항으로 앞서 언급한 바와 같이 준비(Planning)기간 동안 품질과 시운전이 발주처와 합의에 이르기 위해 절차와 기준을 확정함에 있어 설계 및 조달과 동일한 수준의 협상 리스크가 존재한다. 관리 가능하고 예측 가능한 수준으로 품질과 시운전의 범위를 확정하는 것 역시 변동성을 최소화하는 방안이며, 이를 위해 주요 장비 업체 및 설계 등 다른 공정도 이해관계가 부합하는 측면이 있으므로 가용할 수 있는 모든 자원을 동원하여 목표가 관철될 수 있도록 노력이 필요하다.

입찰 단계에서 리스크 분석과 대응 전략은 기업의 성장 전략과 궤를 같이 하는 것이 이상적이고, 실행 단계에서는 기업의 기준을 넘어서는 발주처의 요구사항에 대하여 절충안을 마련하는 것이 아니고, 관리 가능한 기준으로 합의에 이르는 것이 바람직하다. 프로젝트 실행에 있어 품질과 일정은 동일하게 중요하며 서로 이해관계가 상충되는 측면이 존재한다. 품질과 일정에 장애 요소를 예상하여 리스크 목록에 등재하고 기술적인 대책과 방안에 집중하는 것이 일상이나 기업의 속성으로 발현되는 건조 속도와 절대 기간, 공종별 한계효용성 등을 변수로 취급하는 실수에 유의하고 발주처와 책임 관계를 규정하여 최소한의 피해로 건조의 속성이 일관성을 유지할 수 있도록 노력이 필요하다.

3) 과정 설계(Process Mapping)

프로젝트 일정도 목적에 따라 1~5 단계 등 상세함과 목적에 따라 구분하여 작성되는 것과 같이 프로세스 맵핑(Process Mapping)도 전체 공정에 대한 이해와 의사 결정을 위한 글로벌 맵핑(Global Mapping)과 하위 맵핑(Local (Area) Mapping) 등으로 구분하여 작성이 필요하다. 건조단계에서 사용되는 프로세스 맵핑(Process Mapping) 중 글로벌 맵핑 작성 시, 상명하달식(Top-down) 혹은 시간 흐름에 따른 Left to Right 방식으로 표현하는 것보다 하명상달식(Bottom-up)과 같이 탑쌓기 형식의 표현하는 것을 추천한다. 맵핑의 목적이 공정별 책임, 기준과 평가 방식 등을 포함한 정보를 시각화 하여 관리의 우선순위 결정 및 필요한 의사 결정의 지침으로 사용되는 만큼 탑이 완성되기 위해서 하부에 위치한 선행 업무가 반드시 완결되고 모든 공정의 준비가 시작 전 준비가 되지 않으면 탑이 완성되지 않을 뿐 아니라 무너질 수 있음을 경고하는 효과도 동시에 나타낼 수 있다. 시각적 효과와 함께 품질 검사 및 시운전 등 공식적인 지표들이 함께 표현되는 맵핑이 필요하다. 글로벌 맵핑이 수사적인 보고

서의 역할만이 아닌 실질적 도움이 되기 위해서는 조직 간 이해 관
계를 통합시켜야 하며, 앞서 제안한 통합적 조직 구성으로 해결의
확률을 높여갈 수 있다. 로컬 맵핑(Local Mapping)을 준비하는 경우
에도, 공정 간 시간적 나열에만 그쳐서는 안 되고, 진도를 가늠하는
품질과 시운전 등 두 단계에 이르기 위해 필요한 관리 방안이 함께
제안되어야 한다. 두 가지 기준은 계약 당사자 간 계약적 책임으로
규정되지 않았더라도 EPC기업이 기준으로 관리해야 할 중요한 요
소이다. 일반적으로 품질 검사가 완료되는 행위를 Mechanical
Completion이라 하고 시운전이 완료되는 행위를 Commissioning
Completion이라 구분하며, 건조 → Mechanical Completion →
Commissioning → Punch Clearing 등의 흐름으로 맵핑을 형성하
여 절점과 관리 포인트를 확정해 나가는 것이 중요하다. 선행 공정
은 후행 공정의 시작을 위해서 존재한다는 단순한 원리를 적용해
보는 것이다. 업무의 우선순위를 설정함에 있어서도 타인과 이해
관계 정도를 고려하여 반영하는 것이 일반적인 것처럼, 공정 간 흐
름 속에 병목을 발견하기 위해 네트워크 형태의 관계를 설정하고
관리의 대상으로 삼아야 맵핑의 효과를 극대화할 수 있다.

4) Technical 프로젝트 Management

프로젝트 관리(프로젝트 Management)는 공정을 구분하지 않는
다. 계획된 일정이 제품화되는 모든 과정에서 관리력이 제대로 발
휘될 수 있도록 독려하고, 관련된 모든 이슈를 프로젝트 관점에서
판단하고 내부와 외부의 이해관계 조정을 담당하며, 기술적인 평가
외에도 비용 혹은 가격 요소로서 평가하여 EPC기업의 입장을 설정

하고 발주처와 협의를 통해 최종안을 도출하며, 실행이 가능하도록 조치 부서를 조율하고 최종 결론에 이르면 기존 평가와 비교 검토를 통해 미래 유사 사항 처리 시, 계획의 정교함을 높이기 위한 노력까지 경주해야 한다. 사안에 따라 중요도를 평가하고 과정과 결과에 대한 가능한 시나리오를 전문가 그룹과 함께 예상하여 발주처와의 협상력을 높이고 기업의 전략과 방향성에 따라 일관성 있는 의사 결정 구조를 확보하여야 프로젝트에 참여하는 모든 조직에 신뢰와 안정감을 제공할 수 있다.

준비(Panning)기간에는 계약서 요구조건을 수치화 하고 필요 자원의 조달에 대한 전략을 결정하는 과정 속에서 프로젝트 관리와 전문가 그룹 간 소통과 협업이 매우 중요하며, 이미 계획된 투입 예정 자원과 운영 중인 설비를 기반으로 제품화하는 건조기간에는 'Technical 프로젝트 Management'와 같은 통합적인 기능의 간섭과 통제가 필요하다. 준비기간 동안 설정된 품질과 시운전에 대한 가이드 라인을 기준으로 프로젝트 인도 조건을 구체화하고, 산재돼 있는 모든 공정들이 인도조건에 수렴할 수 있도록 공정의 순서와 투입 자원의 볼륨을 결정해야 한다. 협력업체를 통해 노동력이 수급 되고, 주요 장비의 설치와 시운전을 위해 장비 제조사가 파견하는 수백 명의 FSR의 일정을 조율하고, 품질 검사 후 시운전 시작을 위해 필요한 자원을 확보하는 등 기술적인 측면에서 인도 조건으로 수렴하기 위해 필요한 조치를 순서화 하고 방해 요소를 제거해 나가는 활동이 필요하다. Technical 프로젝트 Management는 이론적으로 조달과 하청업체 계약 등은 이미 완료가 된 상태로 이미 설정된 제한 조건 내에서 의사 결정에 따른 비용의 차이가 준비 단계에 비해 무시할 만한 수준이다. 프로젝트 Management Group과 공유하면서 비용 등 상업적 사항과 행정적인 사항에 대한 지원을 요청하고 EPC기업의 역량 내에서 자기 주도적 프로젝트 수행을 진행해 나가는 것이 매우 중요하다. 준비(Planning)단계와 시간적인 단절을 선언하며 필요한 투입 자원과 기간을 확보한 상태로 건조를 시작하였으니, 제품화 과정에서 발생하는 품질 저하에 대한 책임도 수반되어야 한다. 반복적인 일상의 관리에 주의력을 잃지 않도록 독려하고, 계획된 검사와 평가 이외의 발주처 및 제3자의 개입을 차단하는 것도 의무 사항이다. 준비된 맵핑과 위험도 분석의 목적도 프로젝트 인도를 완성하기 위한 도구로서 활용하고 EPC기업의 진정한 가치가 그 역할을 발휘할 수 있도록 조직을 운영하는 것이 필요하다.

프로젝트 비용 관리

프로젝트 비용관리는 프로젝트 관리의 핵심이다. 비용을 집행함으로써 프로젝트 달성율이라는 가치로 회수가 가능해야 하며, 가치의 크기가 최소한 투입 비용과 같거나 이상이어야 한다. 경제학에서 조금 다른 의미로 쓰이지만 상응하는 가치를 생산해 내지 못하는 비용을 매몰 비용이라 정의하고 원인으로 지목되는 설계, 조달, 건조 등 품질 하자가 발생하지 않도록 예방활동에 집중한다. 건조 기간에 발생하는 품질하자는 수정 혹은 철거 및 재설치 등 경우에 따라 최초 설치보다 더 많은 비용이 요구될 수 있으며 하자 후 발생되

는 비용의 총계를 매몰 비용으로 간주하고 평가와 학습의 자료로 활
용이 요구된다. 또한 장비의 입고 지연 등 조달 품질의 하자로 인한
생산 효율의 반감이 예상되는 경우, 의도적 생산 지연과 해당 장비
의 후행 설치 간 손해의 크기를 가늠하여 의사 결정이 필요하며, 이
를 위해 건조 단계별 그리고 공종별 EPC기업이 보유하고 있는 설비
와 자원의 객관적 단가표를 미리 객관화하여 근거로 사용할 수 있는
사전 준비가 필요하다. 비용을 관리의 또 다른 기준으로 활용하기
위해 투입 자원의 규모에 따라 반응하는 정도를 공종별로 파악해야
하며, 시점에 대한 민감도를 수치화 하는 노력이 필요하다. 동일한
종류의 공종도 시점에 따라 비용의 크기가 달라지기 때문이다. 자원
의 추가 투입으로 유발되는 생산성의 변화를 혹은 생산성 증가를 위
해 요구되는 추가 비용에 대한 분석도 함께 이루어져야 한다. 비용
에는 고정비용과 변동비용으로 구분되며 고정비용의 경우 효율이
최대가 되는 지점까지 허용하고 낭비가 시작되는 지점에서 고정비
의 상한선을 두어 관리하는 전략이 필요하다. 흔히 노동력은 전통적
인 변동비 계정이지만 하청계약으로 조달하는 노동력의 경우 고정
비로 간주하여 관리하는 것이 효율적이다. 주요 장비 제조사에서
EPC 건조 현장으로 파견되는 FSR(Field Service Representative)도 현
실에서는 고정비의 성격으로 운영되며, 합리적인 변동비 항목으로
관리되기 위해 일정과 사전 준비 등 치밀한 계획이 요구된다. 비용
의 집행은 객관적이고 구체적이지만, 비용에 상응하는 가치는 설명
과 해석이 필요하고 주관적이기까지 하다. 따라서 고정비는 효율의
분석을 통해 지출의 규모를 주기적으로 점검하고, 변동비는 필요성
과 시간함수를 고려하여 합리적 지출을 결정할 수 있어야 하며 규모

의 경제가 적용되는 분야인지 등 속성에 대한 이해가 선행되어야 한
다. 지출의 형태와 무관하게 가치 비용의 비율을 늘리고 매몰 비용
을 줄이는 노력이 필요하며 결국 프로젝트의 품질과 예산을 준수하
는 목표에 수렴한다. 비용 통제와 분석을 통해 프로젝트 달성율을
교차 확인하는 정보로 활용도를 높이고 프로젝트 수지를 가늠하는
신호등 역할이 가능하도록 준비가 요구된다.

맺는 글

성장을 위하여 성공을 위하여

경쟁에 대한 획일적이고 기계적인 대응은 불리한 출발을 야기하고, 취약한 협상력과 관리의 부재는 뽐내던 체력을 소진하고 겨우 기어서 통과하는 눈물겨운 결승선 장면을 연출한다. 스포츠 경기라면 환호와 격려가 있겠지만 현실에서는 조용히 추스릴 수 있는 것도 다행이다. EPC기업으로서 오늘의 모습은 마치 생존을 위협하는 거친 환경에 홀로 남겨진 야수의 갓 태어난 새끼의 처치와 별반 다르지 않다는 느낌을 지울 수 없다. 선택과 집중은 물 건너 갔고 생존을 위한 현실 속에 내일도 먼 미래처럼 아득하다. "It ain't over till it's over…" "Life goes on…" 다시 출발선에 서기 위해 변화를 결심하고 처한 현실을 점검한다. 잘하는 걸 강조하고 "관리"를 강화함으로써 확장성을 모색하며 방향성을 유지할 수 있다면 주변의 변화와 불확실성은 위협이 아닌 성장의 매개로서 활용할 수 있으리라. 관리의 대상은

가변적이고,

나를 능가하고,

다분히 공격적이며,

라면처럼 얽혀 있고,

마음대로 되지 않는 것이 속성이다. 하지만,

바로미터를 세우고,

사면춘풍(좋은 낯으로 사람을 대함)의 태도로,

아전인수(이기적인 행태)를 피하고,

자강 불식(강해지기 위해 쉬지않고 노력)하면 이루지 못할 것도

없으리라.

차이와 차별을 구분하고,

카(까)다로움을 즐기며,

타성에서 벗어나,

파부침주(죽을각오로 달려듦)로 일관하면,

하청(탁한 황하의 물이 맑아지는 일)도 능히 가능하리라.

K-EPC의 역사는 깊지 않다. 경쟁 상대 중 미국과 유럽의 경우 국가 고도 성장기와 맥을 같이 하는 100년 전통의 EPC기업들이 포진하고 있다. 관리 책임자의 역량에 따라 결과가 출렁이지 않도록 시스템을 갖추었고 이어 온 문화와 생활 방식의 범주 안에서 전공자가 아니더라도 EPC계약서에 대한 나름의 해석을 통해 책임의 범위를 지정함에 주저함이 없고, 자기 보호를 위해 활용하는 능력

또한 비교 우위에 있다. 중국과 중동 등 아시아 국가 소재 EPC 기업의 경우 자국 내 산업 성장을 견인하는 대가로 기업 성장의 걸림돌을 최소화하는 형국이다.

우리는 자력갱생의 역사를 가지고 있다. 무모한 도전으로 극적인 상황을 연출하기도 하였고, 결과만으로 판단하자면, 여느 국가와 마찬가지로 자국 내 보호로 성장의 단초를 마련한 사례도 있지만, 일부 K-EPC기업의 경우 자국 내 발주 프로젝트가 전무한 상황에서 국제 사회 속 자유 경쟁의 기치하에 성숙한 성장과 양적 팽창을 이루어 냈다.

발주처는 과거 변동성 및 예측 불가능성을 EPC 프로젝트의 속성으로 인정하고 상응하는 노력과 대가에 대한 책임 의식이 있었던 반면 최근에는 발주처와 EPC기업 간 대결적 구도로 기류가 변화되었다. 기민한 대응에 성공하지 못했고, 또한 우리 스스로의 노력만으로 대책과 개선에 대한 해답을 확보할 수 없음을 깨달아야 한다. 해답의 절반 이상은 EPC시장의 기조를 복원하고 계약의 균형을 꾀하고 실행에서 독립성을 확보해야 한다.

골방에서 자신과 싸우고 책과 씨름하여 획득한 간판과 배경이 가장 확실한 사회적 지위의 자양분이 되는 과거의 구태에서 벗어나 직업 선택 이후 협상과 협의의 성과만이 성장의 동력으로 활용되는 시스템과 기준을 갖추어야 한다.

조정과 통제가 가능한 보유 자원은 제 성능을 발휘하기 위해 필요조건을 요구하니 프로젝트 속성에 따라 폭넓은 탄력적 대응이 가능하려면 또 다른 무형의 자본적 성격의 자원을 확보하는 것이 유일한 방안이다.

기적이 아닌 결과로서 성공을 기대하며 역량과 자질의 깊이를 더하고 경계의 범위를 넓히는 당연한 일상은 성장을 담보하는 온전한 우리의 노력이어야 한다.

더불어, 시장 환경을 변화시키고 계약의 균형을 찾아가는 일은 비단 EPC기업의 이익 추구의 일환이 아닌 (EPC서비스가 필요한) 모든 분야의 건강을 개선하는 공동의 가치가 있음을 설득해 나가는 집단적 노력을 기대해 본다.

탈고의 변

글쓰기를 일단 마쳤으니 탈고(脫稿)이고, 마음에 부담을 벗으니 이 또한 탈고(脫苦)이다. 시작할 때 없던 주저함이 다시 스멀스멀 올라오는 것은 무엇 때문인지.

알 수 없는 한길 마음속을 추스르고 비소설 분야에서 전통과 권위를 자랑하는 박영사의 도움을 받아 일정의 종지부를 찍을 수 있어 다행이다 싶다.

앞서 밝혔듯이, 읽는 이의 지루함을 덜어주고, 스스로의 허물도 돌아보지 못하면서 보호막이 되어주었던 것들에 대해 날 선 비판을 방지하고자 애초에 수필과 산문시의 중간 어딘가의 문제를 선택하였다.

때로는 은유적으로 혹은 비유적으로 하지만 모호하지 않게 주제에 합당한 주장을 전개하는 것이 목표였다. "성장과 성공" 편에서 재미삼아 가/나/다 순서에 맞추어 작위적이지만 재미를 더한 결론을 도출해 보았다. 변화의 계기가 되고 행동의 주체가 되길 희망하며, 모든 과정에서 치열하지만 대의와 명분이 주는 충만한 자부심이 끊임없는 동기 부여를 제공하고, 서로 협력하여 최선을 이루며 그 속에서 위로와 성과를 일구는 성장 전략의 Motif에 대한 소견을 나누는 데 목적이 있으며, 주어진 환경에 따라 전략적 변화와 취사선택이야 늘 있는 것이지만 목적(Purpose)에 대한 비타협이 전제되어야 함을 전달하고자 한다.

끝으로 나를 넘어서는 작은 도전이 계속될 수 있도록 원동력이 되어주는 소중한 가족 그리고 친구와 동료들에게 감사의 마음을 전하고 싶다.

저자소개

전병민

프로젝트 입찰·협상·사업관리 전문가로 최대 흑자 EPC프로젝트 및 대형 수의 계약 등을 성공시키는 등 소속 기업의 성장과 성공에 기여하였고, 미국 내 풍력 발전기 판매 및 건설, 호주 최대 부유식 원유 생산기지 인도, 인도네시아 잠수함 현지 시운전 및 인도를 완료하는 등 해외 영업 지사 및 해외 사업장을 수년간 경험하며 영업수완과 프로젝트 관리 능력을 입증하였다. 또한, EPC프로젝트의 모든 영역을 깊이 있게 경험하였고 가용한 자원의 효율적인 활용으로 제품군을 가리지 않고 동일한 전문성을 발현하는 Performance형 전문가이다.

〈주요 경력〉

인하대학교 선박해양공학과 졸업
해군 중위 제대(OCS)
한화오션(옛 대우조선해양) 재직 중

• 천만 원 고료 사내 전략 보고서 공모 대상 수상
• 해상 구조물 운송 및 설치 엔지니어
• 유럽 오일 메이저 대상 2조 원대 EPC 경쟁 입찰 및 계약 협상 주관
• 미국 오일 메이저 대상 1조 원대 수의 계약 영업 및 협상 주관
• 미주 지역 3조 원대 신조 발주 영업 및 계약 협상 주관
• 미국 중부 지역 100 MW 육상 풍력 단지 영업 및 건설 주관
• 호주 지역 부유식 원유 생산기지(3조 원대) 해상 설치 및 해상 시운전 주관
• 해외 수출 잠수함 최종 인도 주관

* 저자 이메일: bmchon00@gmail.com

EPC기업의 성장 전략

초판발행   2024년 1월 2일

지은이   전병민
펴낸이   안종만·안상준

편 집   탁종민
기획/마케팅   김민규
표지디자인   BEN STORY
제 작   고철민·조영환

펴낸곳   ㈜ 박영사
              서울특별시 금천구 가산디지털2로 53, 210호(가산동, 한라시그마밸리)
              등록 1959. 3. 11. 제300-1959-1호(倫)
전 화   02)733-6771
f a x   02)736-4818
e-mail   pys@pybook.co.kr
homepage   www.pybook.co.kr
ISBN   979-11-303-1910-0   93320

정 가   19,000원